ANMERKUNGEN ZUR PÄDAGOGIK

Christiane Jarczyk-Aebischer
Der Bus ist falsch abgefahren
Beobachtungen einer Lehrerin

MEINEN SCHÜLERN

RabenStück
Verlag
Publisher of Social Affairs

Christiane Jarczyk-Aebischer

Der Bus ist falsch abgefahren

Beobachtungen einer Lehrerin

RabenStück
Verlag
Publisher of Social Affairs

Bibliografische Information der Deutschen Nationalbibliothek
Die Deutsche Nationalbibliothek verzeichnet diese Publikation in der
Deutschen Nationalbibliografie; detaillierte bibliografische Daten sind im Internet
über http://dnb.d-nb.de abrufbar.

Bibliographic information published by the Deutsche Nationalbibliothek
The Deutsche Nationalbibliothek lists this publication in the Deutsche Nationalbibliografie;
detailed bibliographic data are available in the Internet at http://dnb.d-nb.de.

Information bibliographique de la Deutsche Nationalbibliothek
La Deutsche Nationalbibliothek a répertorié cette publication dans la Deutsche Nationalbibliografie;
les données bibliographiques détaillées peuvent être consultées sur Internet à l'adresse
http://dnb.d-nb.de.

Informazione bibliografica de la Deutsche Nationalbibliothek
La Deutsche Nationalbibliothek registra questa pubblicazione nella Deutsche Nationalbibliografie;
dettagliate dati bibliografici sono disponibili nell' internet per http://dnb.d-nb.de.

Библиографическая информация Немецкой Национальной Библиотеки
Немецкая Национальная Библиотека вносит эту публикацию в Немецкую национальную
библиографию; подробные библиографические данные можно найти в интернете на странице:
http://dnb.d-nb.de.

Información bibliográfica de la Deutsche Nationalbibliothek
La Deutsche Nationalbibliothek recoge esta publicación en la Deutsche Nationalbibliografie;
se puede encontrar los datos bibliográficos en el internet por http://dnb.d-nb.de.

Christiane Jarczyk-Aebischer:

Der Bus ist falsch abgefahren: Beobachtungen einer Lehrerin. –
Berlin: RabenStück Verlag, 2011

ISBN 978-3-935607-49-0

ISBN 978-3-935607-49-0

© 2011 *RabenStück* Verlag®

Dr. Uwe Großer | Postfach 52 01 15 | 12591 Berlin
Fon: +49 30 56400807 | Fax: +49 3212 RabenSt (7223678)
eMail: Verlag@RabenStueck.de | Web: www.RabenStueck.de

Produktion: *RabenStück* Verlag. Titel unter Verwendung eines Fotos
von © Alexey Popov, istockphoto.com
Porträt der Autorin: Angela Krebs, Köln | www.angelakrebs.com

Lektorat: Anne-Marie Kociuba, StDin i. R., Berlin

Druck: SDV Direct World GmbH Dresden

Inhaltsverzeichnis

20. JANUAR 2009: WELT-GESCHICHTE - SCHULGE-SCHICHTE - EIN VORWORT

Strahlend blauer Himmel über Washington, Menschentrauben, Eiseskälte und eine feierliche Amtseinführung des neuen amerikanischen Präsidenten BARACK OBAMA – was hat das mit deutscher Schulpolitik zu tun? Nichts, und doch enthielt die Rede OBAMAS Signalwörter, die man aus deutschen Politikermündern und Expertenäußerungen kaum hört: *Demut, Bescheidenheit, Pflicht, Anstrengung ...*

Unbarmherzig holt der Nachrichtensprecher den heimischen Zuschauer von der Weltbühne in die inzwischen alltägliche Bildungsmisere, haben doch gerade wieder mehr als 60 Schulleiter in Berlin-Mitte den Bildungsnotstand ausgerufen und beklagt, dass in ihren, hauptsächlich von Migranten besuchten Schulen, jedes zweite Kind nicht richtig Deutsch spricht und damit zum Scheitern verurteilt ist. Flugs hat man die Schulleiter ins Kanzleramt zur zuständigen Integrationsbeauftragten der Bundesregierung, MARIA BÖHMER (CDU), eingeladen. Dabei kam es bereits im Vorfeld zum Streit zwischen den einzelnen Parteien, die sich ,Symbolpolitik'[1] vorwarfen.

Als geübter Politikbeobachter ahnt man schon das kommende Ritual: Expertenkommissionen werden ins Leben gerufen, Fortbildungen für Lehrer organisiert, Talkshows nehmen sich des Problems an, schließlich war auch GÜNTER JAUCH einmal Schüler, und jeder weiß es besser als die Betroffenen, die täglich mit fröhlichen, interessierten, offenen, aber auch gelangweilten, unerzogenen und manchmal gewaltbereiten

---

[1] Küpper, M.: Ein Hilferuf, den viele hören.
In: Frankfurter Allgemeine Zeitung. Nr. 17 vom 21.1.2009, S. 6.

Kindern beruflich umgehen. Nicht unerwähnt bleiben soll an dieser Stelle, dass sich – fast genau zwei Jahre nach ihrer Warnung vor dem ‚bildungspolitischen Aus' – Ende Februar 2011 erneut alle Schulleiter des Bezirks Berlin-Mitte mit einem ‚verzweifelten Hilferuf' an die Öffentlichkeit wandten, weil sie sich nach wie vor mit den erwähnten sowie durch die Schulreform hinzugekommenen Problemen allein gelassen fühlen[2] ...

Welche Rolle spielen Schüler[3] im Kommunikationsdreieck von Politik, Lehrer- und Elternschaft?

Dieser und anderen Fragen gehen meine Beobachtungen nach. Sie sind unvollständig, subjektiv und erheben keinen Anspruch auf Wissenschaftlichkeit. Sie entstanden während meiner aktiven Berufszeit als Lehrerin und umfassen den Niedergang des Schulsystems der vergangenen 30 Jahre, wobei der Schwerpunkt auf Nordrhein-Westfalen (NRW) liegt. Dabei stellte ich fest, dass der einzelne Schüler immer mehr zum Spielball der o. g. Interessengruppen wurde und sein Recht auf Fürsorge, Bildung und Zukunft aus dem Blickfeld geriet.

Ziel ist es, eine Umkehr anzustoßen.

---

[2] »Wir senden Hilferufe«: Schulleiter-Protest in Mitte. In: Textarchiv der Berliner Zeitung vom 26. Februar 2011. URL: http://www.berlinonline.de/ berliner-zeitung/archiv/.bin/dump.fcgi/2011/0226/berlin/0097/index.html, Abruf am 26.2.2011.

[3] **Gender-Hinweis:** Im Sinne einer besseren Lesbarkeit der Texte wurde in der Regel die männliche Form von personenbezogenen Substantiven gewählt. Dies impliziert keinesfalls eine Benachteiligung des jeweils anderen Geschlechts. Autorin und Verlag wünschen ausdrücklich, dass sich Frauen und Männer von den Inhalten dieser Publikation gleichermaßen angesprochen fühlen.

SCHULENTWICKLUNG IN DEUTSCHLAND SEIT 1945

Es vergeht fast kein Tag, an dem nicht irgendein Politiker in der deutschen Bildungslandschaft zum Thema Schule seine Meinung werbewirksam äußert. Dabei wird seit Jahren ein ideologischer Grabenkampf geführt, der zwischen den Anhängern des dreigliedrigen Schulsystems und der Einheitsschule tobt, die auch Gesamtschule, Gemeinschaftsschule, Mittelschule oder Sekundarschule genannt wird.

Gebetsmühlenartig werden Argumente wiederholt, ohne sie einmal wirklich zu hinterfragen. Inzwischen ist die Schullandschaft – je nach Blickwinkel – so vielfältig oder so chaotisch, dass selbst die so genannten Experten innerhalb einer Partei den Durchblick verlieren. Wie anders sollte man die Haltung der CDU zu unterschiedlichen Schulformen interpretieren, wenn sie 2010 in Hamburg mit den Grünen ein sechsjähriges Primarschulmodell propagiert, in Nordrhein-Westfalen aber an der vierjährigen Grundschule festhält? Wie kommt es zur Vielfalt bzw. zum Durcheinander in der deutschen Schulpolitik? Ein Blick zurück in die Anfänge der Bundesrepublik scheint mir unvermeidlich.

1945 lag Deutschland in Trümmern und nicht nur die Alliierten fragten sich, wie ein Land, das man einst als Land der Dichter und Denker bezeichnete, solche Gräueltaten verüben konnte. Die Potsdamer Konferenz forderte neben völliger Abrüstung, Entmilitarisierung, Entnazifizierung u. a. auch die Umgestaltung des deutschen Lebens auf demokratischer Grundlage, womit auch die schulische Erziehung gemeint war.

9

Die Nationalsozialisten hatten zwar die Konfessionsschulen abgeschafft, die Gymnasien neu geordnet, aber das gegliederte Schulwesen der Weimarer Republik beibehalten und zudem eigene ‚Eliteschulen' eingerichtet. Dabei unterstützten sie im Gegensatz zur Weimarer Republik die nichtbürgerlichen Schichten finanziell beim schulischen Aufstieg. Der Preis war die Infiltration mit ihrem Gedankengut. Vor diesem Hintergrund lag es nahe, dass die Alliierten ihr Schulsystem und ihr Verständnis von demokratischer Lehre auf Deutschland übertragen wollten, um quasi schon von der inneren Struktur her jegliche ideologische Ausrichtung verhindern zu können. Die Direktive Nr. 54 des Kontrollrates der Alliierten lautete, ein System zu schaffen, das u. a. neben der „Gleichheit der Bildungschancen, Unentgeltlichkeit des Unterrichts und Lehrmittelfreiheit" auch ein Gesamtschulsystem für die Pflichtschulen fordert, was eine Ablösung der vertikalen durch eine horizontale Differenzierung bis hin zur Erziehung und Bildung zur staatsbürgerlichen Verantwortung und zum demokratischen Lebensstil beinhaltet[1].

Die Sowjetunion hatte dabei von Anfang an die Direktive des Kontrollrates für sich anders interpretiert als die Westmächte und in ihrem Besatzungsteil Deutschlands bereits 1946 die Einheitsschule eingeführt und Erziehung und Bildung zur staatsbürgerlichen Verantwortung nach und nach im Sinne ihrer Ideologie umgesetzt.

In den westlichen Besatzungszonen, vor allem in Bayern, regte sich Widerstand gegen ein Gesamtschulsystem und die (erneute) Abschaffung von Konfessionsschulen. Schließlich scheiterten die Alliierten mit der Einführung ihrer bildungspolitischen Vorstellungen und es entwickelten sich in den so genannten Westzonen und späterer Bundesrepublik unter

---

[1] Giesecke, H.: Pädagogische Illusionen. Stuttgart, 1998, S. 55 ff.

der Kulturhoheit der Länder unterschiedliche Schulsysteme, die heute entsprechend der 16 Bundesländer 16 verschiedene Schulbildungswege propagieren. Jedes einzelne System drückt den jeweils politisch vorherrschenden Willen der Regierungsmehrheit aus. Damit ist ganz klar, dass die Politik letztendlich Wohl und Wehe eines Schulkindes bestimmt. Umso erstaunlicher ist es, dass sie sich in den vergangenen Jahren gerne aus der Schulverantwortung verabschieden möchte. Unter dem Motto ‚selbstständige Schule' lässt man Schulen in lästigen Angelegenheiten (z. B. Personalentscheidungen, Verwaltung) allein, ohne die politische Strukturhoheit aber aufzugeben.

Damit komme ich zum Kern meiner Gedanken über Politik und Schule. Dass nach der Katastrophe des Zweiten Weltkrieges und der deutschen Schuld alle Felder menschlichen Zusammenlebens auf den Prüfstand gestellt wurden, ist verständlich. Amerika als Siegernation, beflügelt von einem demokratischen Sendungsbewusstsein, will sein Schulsystem Deutschland aufoktroyieren, was letztendlich nicht gelungen ist. Heute gilt gerade das staatliche amerikanische Einheitsschulsystem als gescheitert[2].

Der Gedanke der Einheitsschule hat seit der 1968er ‚Revolution' in der Bundesrepublik an Fahrt gewonnen und flammt in allen Schulstrukturdebatten der nunmehr 16 Bundesländer in unterschiedlichen Variationen immer wieder auf oder wird sogar bestimmend. Einheitsschule und gegliedertes Schulsystem gehen von einem verschiedenen Menschenbild aus, das von den meisten Experten oder Schulpolitikern weder klar benannt noch dargestellt wird. Es wird immer mit Nebenschauplätzen (Förderung, Ganztag, Durchlässigkeit etc.) argumentiert, was die Frage nahelegt, ob man das Kernproblem

---

[2] Wichtige Befunde von PISA 2006. In: Profil: Das Magazin für Gymnasium und Gesellschaft. 12/2008, S. 10.

11

nicht erkennen will oder aufgrund mangelnden Nachdenkens nicht erkennen kann.

Die Idee der Gesamtschule, Einheitsschule, Schule für alle oder neuerdings Gemeinschaftsschule stammt aus der Zeit vor dem Ersten Weltkrieg und hatte dort das Ziel, das Bildungsprivileg des Bürgertums zu brechen. Sie ist ein Kind der Reformpädagogik und verficht das hehre Ziel, Bildungshemmnisse bisher benachteiligter sozialer Gruppen zu beseitigen, indem sie nach der Grundschule eine fortführende Schulform für alle Kinder gemeinsam bis zum 10. Schuljahr fordert. 1964 wird diese Idee von GEORG PICHT in seiner Streitschrift ‚Die deutsche Bildungskatastrophe‘[3] erneut aufgegriffen und um die Ökonomisierung des Bildungsgedankens erweitert. Unterstützt werden seine Überlegungen vom Soziologen RALF DAHRENDORF, der mit seiner Veröffentlichung ‚Bildung ist Bürgerrecht‘[4] mit Statistik (Zahlen lügen nicht ...) und der demokratischen Forderung nach optimaler Förderung für jedes Kind in die Öffentlichkeit tritt. Ökonomie und Demokratie bestimmen seitdem mehr oder weniger offen die aktuelle Schuldiskussion und sind deshalb kritisch zu beleuchten, da sie bis heute das Schulsystem der ehemals alliierten Westmächte von 1945 bestimmen.

In Amerika, Großbritannien und Frankreich hat sich neben dem staatlichen Schulsystem, das eine gemeinsame Sekundarstufe kennt, ein differenziertes Privatschulwesen entwickelt, welches vor allem von den zahlungskräftigen Schichten genutzt wird. Gerade vor diesem Hintergrund ist das Wort Demokratie besonders zu betrachten. HERMANN GIESECKE bezeichnet das amerikanische High-School-System als ein Sys-

---

[3] Picht, G.: Die deutsche Bildungskatastrophe. Freiburg, 1964.
In: Giesecke, H.: Pädagogische Illusionen. Stuttgart, 1998, S. 79.
[4] Dahrendorf, R.: Bildung ist Bürgerrecht. Hamburg, 1965.
In: Giesecke, H.: Pädagogische Illusionen. Stuttgart, 1998, S. 85.

tem, das auf den philosophischen Gedanken von JOHN DE-WEY beruht, der Demokratie nicht in erster Linie als politische Verfassung verstanden hat, sondern als eine Lebensform, in der es besonders auf Toleranz und Kooperationsfähigkeit ankommt, weniger auf die Inhalte, die Schüler lernen sollten[5]. Bis heute geistern diese Begriffe DEWEYS in jeder Gesamtschuldebatte herum und gelten als gelungene Legitimation für diese Schulform im Gegensatz zum gegliederten Schulwesen, dem eine autoritäre und Klassenunterschiede betonende Grundstruktur innewohne. Hier zeigt sich das den beiden Schulsystemen (Einheitsschule – gegliedertes Schulsystem) zugrunde liegende unterschiedliche Menschenbild, das die aktuellen Schuldebatten unterschwellig mitprägt. Mit einer pädagogischen Betrachtung jedoch hat das nichts zu tun.

1949 wurde zum zweiten Mal in der deutschen Geschichte ein demokratischer Staat gegründet, der von seiner Verfassung her unbestreitbar eine Demokratie ist und in seinem Grundgesetz die Gleichheit aller Bürger vor dem Gesetz garantiert. Auf die Schule bezogen heißt das, dass alle Kinder Zugang zum öffentlichen Schulwesen haben, ohne Rücksicht auf Herkunft, Religion, Milieu, Vermögen etc. Damit endet aber auch die Gleichheit vor dem Gesetz.

Der Denkfehler, den die Verfechter eines einheitlichen Schulsystems machen, liegt darin, dass sie von einem Menschenbild ausgehen, das den Menschen nicht nur als gleich vor dem Gesetz sieht, sondern ihn als gleich begabt, lernwillig und -fähig erkennt. Wer aber mit offenen Augen durch unsere Gegenwart läuft, wird feststellen, dass Menschen alles andere als gleich sind. Alle Bemühungen und Verrenkungen, die das deutsche Schulsystem seit 1949 auf sich genommen hat, um diese Gleichheit unter Ungleichen herzustellen,

---

[5] Giesecke, H.: Pädagogische Illusionen. Stuttgart, 1998, S. 63.

sind letztendlich zum Scheitern verurteilt. Statistische Tricks, Niveausenkungen, Titelanpassungen etc. können auf Dauer nicht verheimlichen, dass man trotz aller Bemühungen – die zu unternehmen wertvoll und notwendig sind – nicht jedes Kind dort abholen kann, wo es theoretisch abgeholt werden müsste, um später der Gesellschaft von Nutzen zu sein. Das möglichst dort, wo Mangel herrscht, im Moment bei den so genannten ‚MINT'-Studiengängen (Mathematik, Informatik, Naturwissenschaft, Technik).

Gerade das amerikanische und angelsächsische öffentliche Schulsystem, das auf einem Demokratieverständnis beruht, welches die Lebensformorientierung in den Mittelpunkt stellt, hat fatal gezeigt, wohin die Vernachlässigung von Leistung und Anforderung führt. Die FAZ berichtet im Juli 2009, dass einer Studie zufolge in England fast 1 Million Jugendliche zwischen 16 und 24 Jahren ohne Ausbildung und Arbeit seien[6]. Natürlich stellt sich hier die Frage, ob das allein am staatlichen Schulsystem hängt oder auch andere Faktoren dafür verantwortlich sind. Feststellen lässt sich erst einmal nur, dass es dem dortigen Einheitsschulsystem, das immer wieder bei uns als vorbildlich und besonders sozial dargestellt wird, nicht gelungen ist, dieser Misere entgegenzutreten. Ob das gegliederte Schulsystem, dem das Menschenbild der Ungleichheit an Begabungen, Leistungswillen und Leistungsfähigkeit zugrunde liegt, letztendlich ein solches Desaster an Perspektivlosigkeit für junge Menschen verhindert, sei dahingestellt.

Wichtig scheint mir, dass die politischen Volksvertreter Schule losgelöst von ideologischen Betrachtungen, persönlichen Erfahrungen, vermeintlicher Wählergunst und finanziellen Beschränkungen betrachten und sich wirklich einmal

---

[6] Immer mehr junge Engländer ohne Arbeit und Ausbildung.
In: Frankfurter Allgemeine Zeitung. Nr. 149 vom 1.7.2009, S. 7.

Gedanken machen, was heute ein staatliches Schulsystem leisten muss, was es überhaupt leisten kann, was es leisten will. Ein unverstellter Blick auf Schüler, Eltern, Lehrer wäre hilfreich. Dabei müssen sich Politiker von Wunschdenken und Größenphantasien ebenso verabschieden wie Schüler, Eltern und Lehrer auch. Einem EINSTEIN zugeschriebenen Bonmot ist das *Gegenteil von gut gut gemeint.*

Da Politiker mit ihren Entscheidungen Schule bis ins Detail beeinflussen, stellen sich die o. g. Fragen umso mehr; dennoch ist Skepsis angebracht, ob die aktuelle Politik es wirklich ‚gut meint'.

WAS MUSS SCHULE LEISTEN?

Schulministerien geben sich gerne dynamisch und erfolgs-orientiert. Wie anders sind die Informationen der damaligen schwarz-gelben Regierung zur Sitzenbleiberquote in NRW zu verstehen, die mit ‚beeindruckenden' Zahlen triumphiert. Waren es im Schuljahr 2004/05 noch 3,4 % der Schüler im Schulform-Durchschnitt, die ein Jahr wiederholen mussten, so waren es 2009/10 nur noch 2,4 %[1]. Diese erfreuliche Sta-tistik reklamierte die Regierungskoalition natürlich für sich und betonte, dass eine solche wundersame Leistungssteige-rung erst mit ihrem in den Schulen durchgesetzten individu-ellen Förderprogramm möglich gewesen sei. Das sei selbst-verständlich ohne jegliche Qualitätsminderung geschehen. Hoppla, man muss den Lehrern nur die richtigen Ideen und Anweisungen geben, wie sie schulmüde Kandidaten zu för-dern haben, und es funktioniert bestens.

Auch Bundesbildungsministerin Prof. Dr. ANNETTE SCHAVAN ist sich sicher, bis 2013 die traurige Bilanz von 60.000 Jugend-lichen ohne jeden Schulabschluss pro Jahr auf null senken zu können[2]. Wie gut, dass wir solche Politiker haben, die das alles richten können. Wie schlecht aber für die jeweiligen Lehrer und Schulen, die das anscheinend aus alleiniger Kraft nicht leisten konnten. Klar liegt auf der Hand, wo man nach-zubessern hat: bei den Lehrern, die in ihrer Diagnosekompe-tenz gefördert werden müssen, bei den Schulen, die Unter-richt methodisch noch moderner zu gestalten haben etc.

---

[1] Sehr positive Entwicklungen: Sitzenbleiberquote drastisch reduziert. In: Pressemitteilung des Philologen-Verband NRW vom 21.1.2010. URL: http://www.phv-nw.de/cms/presse/pressemitteilungen/67-presse mitteilung/1787-sehr-positive-entwicklungen Abruf am 20. Februar 2011
[2] Schavan verspricht Schulabschluss für alle. In: Frankfurter Allgemeine Zeitung. Nr. 256 vom 4.11.2009, S. 13.

Nüchtern betrachtet blieben bis 2004/05 in NRW von 100 Schülern etwa drei Schüler sitzen, 2010 waren es noch zwei. Das ist ein verschwindend kleiner Teil, der kaum der Rede wert ist. Viele von diesen Sitzenbleibern fangen sich im Wiederholungsjahr wieder und schaffen auch einen Abschluss, andere reihen sich später in die Statistik von ANNETTE SCHAVAN ein und bilden tatsächlich ein trauriges Phänomen in unserer Gesellschaft. Welche Gründe aber für einen solchen gescheiterten Schulverlauf mitverantwortlich sind, werde ich an anderer Stelle erörtern. Die Frage, was Schule eigentlich leisten muss, ist die Frage nach den Bildungsinhalten.

„Wohin geht dieser Brief?", fragt das junge Mädchen hinter dem Schalter. „Panama." – Schweigen. Die junge Frau nimmt ein Verzeichnis hervor, um die Gebühr herauszufinden, sucht und sucht, wird ein wenig unruhig, schaut mich fragend an und meint schließlich: „Das gibt es nicht." Ich weiß einen kurzen Moment lang nicht, ob ich lachen, weinen oder eine sarkastische Antwort geben soll. Schließlich siegt mein besseres Ich und ich sage ihr, sie solle unter Mittelamerika nachschauen. Erleichtert findet sie die entsprechende Gebühr heraus, ich bezahle und verlasse den ‚Post-Shop'. So geschehen 2008 in Bergisch Gladbach.

Auch wenn es sich bei der jungen Post- bzw. Shop-Angestellten um eine Aushilfe gehandelt haben mag, hat sie sicher einen Schulabschluss gehabt. Lernt man heute nicht mehr, wo Panama liegt? Ist das auch wirklich wichtig? Welche Inhalte muss Schule vermitteln?

Der Bildungsbegriff, so wie er heute immer wieder gebraucht und verstanden wird, geht auf das Zeitalter des deutschen Idealismus – beginnend in der zweiten Hälfte des 18. Jahrhunderts – zurück und umschließt Namen wie GOETHE, SCHILLER und WILHELM VON HUMBOLDT. Der ‚Gebildete' sollte jenseits jeder beruflichen Ausrichtung eine ‚allgemeine Bildung‘ genossen haben, die ihn zu einer späteren Freiheit befähigen sollte, die – im Idealfall – wiederum dem persönlichen, beruflichen und gesellschaftlichen Nutzen zugutekommen konnte. Diese Idee der ‚allgemeinen Bildung‘ wurde Grundlage des sich entwickelnden Schulwesens im 19. Jahrhundert, allerdings mit der Einschränkung, dass sie nur den bürgerlichen Schichten weitgehend zugänglich war. Diese Bildungsidee wurde von der Pädagogik im ausgehenden 19. Jahrhundert auf den Kopf gestellt: Anstelle einer (Schul-)Bildung für alle, die sozusagen über den einzelnen beruflichen Tätigkeiten ‚schwebte‘, sollte jetzt von der beruflichen Bildung, also vom Speziellen zur allgemeinen (Schul-) Bildung übergegangen werden. Im Nachhinein muss dabei positiv vermerkt werden, dass so genannte allgemeinbildende Fächer in die Berufsschulen aufgenommen wurden, die den Zusammenhang von der spezialisierten Berufsausbildung zum Allgemeinen der Bildung herstellen sollten[3]. Die negativen Auswirkungen dieses auf den Kopf gestellten Bildungsbegriffes sind bis heute schmerzlich erkennbar: Landauf, landab beklagen Professoren die zunehmende Studierunfähigkeit von Abiturienten, Lehrer die Lernunwilligkeit von Schülern, Lehrherren bzw. Berufsausbilder die fehlenden Grundkenntnisse im Schreiben, Lesen und Rechnen, geschweige denn in der so genannten Allgemeinbildung, siehe das Beispiel ‚Panama‘. Daneben zahlen immer mehr Schüler für Nachhilfestunden, inzwischen sollen es mehr als 1 Million Schüler sein[4].

Wenn nach dem HUMBOLDTschen Bildungsbegriff Bildung nur „in Distanz zu den unmittelbaren Lebensaufgaben zu erreichen sei“[5], ist ein anders gearteter Bildungsbegriff, der Er-

---

[3] Giesecke, H.: Pädagogische Illusionen. Stuttgart, 1998, S. 19 ff.
[4] Nachhilfe weit verbreitet. In: Frankfurter Allgemeine Zeitung. Nr. 24 vom 29.1.2010, S. 4.
[5] Giesecke, H.: Pädagogische Illusionen. Stuttgart, 1998, S. 23.

ziehung und Ausbildung in den Mittelpunkt stellt (also vom Speziellen zum Allgemeinen vordringen will), gefährdet, von jeglichen Ideologien, Modernismen und Zweckgebundenheiten besetzt zu werden. Damit verliert Schule ihre vornehmste Aufgabe, nämlich das Vermitteln von Bildungsinhalten. Diese Aufgabe kann erst heute, in einem demokratischen und immer noch wohlhabenden Staatswesen allen Kindern zugutekommen – ein wirklicher Fortschritt. Es versteht sich von selbst, dass eine solche Vermittlung ohne erzieherische Einwirkung auf Minderjährige nicht erfolgreich sein kann, aber der Schwerpunkt von Schule muss auf dem Unterricht, der Vermittlung von Bildungsinhalten liegen.

Reformpädagogische und politische Bewegungen der vergangenen Jahrzehnte haben die zentrale Aufgabe von Schule, nämlich Unterricht, zugunsten von Erziehung, gesellschaftlichen Bedürfnissen und Forderungen verschoben – mit all den bereits erwähnten, unerfreulichen Nebeneffekten. Schule ist zum Reparaturbetrieb der Nation geworden.

All dies hat Schule überfordert. Sie muss sich auf ihre grundsätzliche Aufgabe, das Unterrichten, zurückbesinnen. Dass dieses Unterrichten an einen allgemeinverbindlichen, wissensorientierten Kanon gebunden sein sollte, versteht sich von selbst.

Das ALLENSBACHER INSTITUT FÜR DEMOSKOPIE untersucht seit den 1950er Jahren in regelmäßigen Abständen die Einstellung der Bevölkerung zum Thema Bildung.

Danach stimmten 77 % der Befragten 2008 dem Satz zu: „Meiner Meinung nach ist die Schule vor allem dafür verantwortlich, den Kindern eine möglichst gute Allgemeinbildung beizubringen. Die ist nicht für den Beruf wichtig, sondern für das ganze Leben. Kenntnisse und Fähigkeiten, die man

19

für seinen Beruf braucht, lernt man sowieso bei der Arbeit am besten."[6]

Was der Einzelne nun unter allgemeiner Bildung versteht, variiert je nach Thema, das die Allensbacher Demoskopen ihren Befragten vorlegen. Immerhin gilt danach als gebildet, wer ein breites Wissen vorweisen kann (87 %), sich sprachlich gut auszudrücken weiß (66 %), Fremdsprachen beherrscht (46 %), sich in der Geschichte gut auskennt (38); Wirtschaftswissen, Computerkenntnisse, Philosophie rangieren zwischen 26 % und 18 %, Kunst, Malerei und Musik bilden das Schlusslicht mit 10 bis 7 %. Weiter haben die Allensbacher Demoskopen wissen wollen, was denn Schule vermitteln sollte. Hier stehen Rechtschreibung und Grammatik mit 88 % an erster Stelle, gefolgt von guten Mathematik- und Englischkenntnissen (60 % und 58 %), während politische Zusammenhänge nur 32 % der Befragten für wichtig hielten. Ebenso fallen gute Kenntnisse der deutschen Literatur (22 %) und alte Sprachen (4 %) weit nach hinten.

Interessant ist, dass neben diesen Bildungsinhalten Schule folgende Fähigkeiten vermitteln sollte: Disziplin (57 %), Leistungsbereitschaft (54 %), sinnvoller Umgang mit Medien (31 %). Hier zeigt sich eine Verschiebung der klassischen humanistischen Bildung zugunsten sozialer Forderungen. Elterliche Erziehungsleistung wird zunehmend auf den schulischen Bereich verlagert[7]. Die Befragung zeigt, dass Bildung und Erziehung als Ganzes gesehen werden; das erschwert eine klare Argumentation, was Schule eigentlich leisten muss. Bildung ist Selbstzweck, Lehrer und Schüler müssen sich den Gesetzen des jeweiligen Bildungsinhaltes gemeinsam hingeben, so

---

[6] Petersen, T.: Der Bildungsstand der Erwachsenen. In: Frankfurter Allgemeine Zeitung. Nr. 271 vom 19.11.2008, S. 5.
[7] ebenda.

HERMANN GIESECKE in seinen ‚Pädagogischen Illusionen‘[8]. Letztendlich dient Bildung dem Erreichen einer individuellen Freiheit und Kritikfähigkeit. Bildung impliziert aber Erziehung, weil sie ohne Disziplin, Leistungswillen, Kooperation, Toleranz und anderen sozialen Normen gar nicht erreicht werden kann. Der Umkehrschluss lautet, dass erzieherische Ziele auch ohne Bildung möglich sind, Bildung aber ohne implizite Erziehung scheitert. Die Teilhabe aller an der Möglichkeit einer schulischen Bildung ist eine gesellschaftliche Errungenschaft, die gar nicht hoch genug zu schätzen ist. Wird der Bildungsauftrag von Schule nun mit anderen gesellschaftlichen Forderungen und Wünschen überfrachtet, entsteht das Chaos, das wir jetzt in der deutschen Schullandschaft beklagen.

Vornehmste und wichtigste Aufgabe einer verantwortlichen Schulpolitik wäre demnach, einen allgemeinverbindlichen Bildungskanon zu entwerfen, der der jungen Generation eine allgemeine Bildung anbietet, die eine zu frühe Spezialisierung mit Blick auf den zu erreichenden wirtschaftlichen Nutzen ausschließt. Oder will man künftigen Generationen das Erlangen einer Freiheit verwehren, die über dem beruflichen und gesellschaftlichen Nutzen steht? Wie dieser Kanon auszusehen hat, ob er sich an der ‚klassischen Bildung‘ und ihren bis heute ‚modern‘ gebliebenen Werten ausrichtet oder die Naturwissenschaften in den Mittelpunkt stellt oder eine Kombination von beidem versucht, darüber lässt sich gewiss trefflich streiten. Schule muss m. E. in erster Linie wieder Bildungsinhalte vermitteln, das heißt unterrichten. Wie viel an verinnerlichten Bildungsprozessen der Einzelne dabei erwirbt, lässt sich nicht messen, messbar sind nur abfragbares Wissen und formale Kompetenzen. Darauf werde ich im Kapitel ‚Wie wird schulische Leistung gemessen?‘ eingehen.

---

[8] Giesecke, H.: Pädagogische Illusionen. Stuttgart, 1998, S. 24.

Was kann Schule leisten, was nicht?

‚Ohne Müll bis zum Abitur' – stolz präsentieren sich Schulleiter, Dezernent, ein Vertreter des Bergischen Abfallwirtschaftsverbandes und einige Schüler dem Fotografen. Das Freiherr-vom-Stein-Gymnasium in Rösrath[1] hat einen Kooperationsvertrag mit dem Bergischen Abfallwirtschaftsverband geschlossen mit dem Ziel, dass der Unterricht für die Abfallproblematik sensibilisieren soll und die Unternehmen sich als zukünftige, interessante Arbeitgeber präsentieren können. So weit, so diffus. Wie soll Unterricht für die Abfallproblematik, natürlich inklusive ökonomischen und ökologischen Inhalten sensibilisieren? Welche Fächer kommen da in Frage, Biologie, Chemie (Arten des Abfalls, Verwertbarkeit), Mathematik (Hochrechnung, Statistik), Geschichte (Abfall früher – heute), Deutsch (Bewerbung, Berufsaussichten)? An welchen zeitlichen Rahmen hat man gedacht, welche Jahrgangsstufen sind damit befasst etc.? Hat die Abfallwirtschaft tatsächlich Probleme, in Zukunft Personal zu finden? Natürlich gibt der Zeitungsartikel über diese Fragen keine Auskunft, vermutlich können die Betroffenen ebenfalls keine detaillierte Auskunft darüber geben, erforderte dies doch scharfes Nachdenken, ein Konzept für den jeweiligen Unterricht, einen zeitlichen Rahmen, kurz gesagt, eine Erweiterung des jeweiligen Curriculums zu Lasten bestehender Inhalte.

Ich könnte mir noch mehr solcher Kooperationen vorstellen, z. B. der Tierschutzvereine, der Energieversorger, der Industriebetriebe, der Umweltbehörden, der Gesundheitsämter, der Sportvereine .... Alle diese modernistischen Aktionen, häufig

---

[1] Kurps, H.: Ohne Müll bis zum Abitur. In: Bergisches Sonntagsblatt vom 30.1.2010, S. 1.

von Gutmeinenden in die Welt gesetzt, die Schule schon lange hinter sich haben, aber Schule aktuell, lebensnah, ‚unverschult' gestalten möchten, gehen auf Kosten der einzelnen Fächer und ihrer Bildungsinhalte. Die Stunden, die für ein solches Projekt benötigt werden, werden regulären Pflichtstunden abgeknöpft; selbst wenn solche Projekte in Arbeitsgemeinschaften gelegt werden, fallen dafür andere Arbeitsgemeinschaften weg, denn die Stundentafel wird nicht erhöht, zusätzliche Lehrer nicht eingestellt.

Mit der Finanzkrise ist der Ruf nach einem weiteren Schulfach erneut aufgeflammt: Wirtschaft. „Wer nichts von Ökonomie weiß, muss viel glauben", so lautet eine reißerische Zeitungsüberschrift[2]. Das fehlende ökonomische Wissen in der Bevölkerung führe dazu, dass die Menschen bestimmten Gruppen, wie z. B. den Bankern, die hauptsächliche Schuld an der Finanzkrise gäben, ohne die systemischen Fehler zu sehen, die die Politik zum Mitschuldigen am Wirtschaftsdesaster mache. Abhilfe würde da nur ein Schulfach ‚Wirtschaft' bringen.

In Oldenburg am ALTEN GYMNASIUM hat der Gymnasiallehrer KARL-JOSEF BURKARD eine Ausnahmegenehmigung für das Fach ‚Wirtschaft' erwirkt[3]. In seinem Unterricht gründet jeder Schüler sogar eine Firma, gemeinsam besuchen die Schüler Banken, simulieren Kreditgespräche, informieren sich bei Gewerkschaften über Tarifverhandlungen und vieles andere mehr. Hört man als Laie von solchem Engagement, ist man begeistert. Zukünftige Finanzkrisen werden dank fundiertem Wirtschaftsunterricht vermieden werden. Oder ist es doch anders?

---

[2] Wer nichts von Ökonomie weiß, muss viel glauben. In: Frankfurter Allgemeine Zeitung. Nr. 303 vom 29. 12. 2008, S. 13.
[3] ebenda.

Die Schlagzeile ‚Wer nichts von Ökonomie weiß, muss viel glauben' lässt sich beliebig abändern: ‚Wer nichts von Geschichte, Politik, Erdkunde, Chemie, Physik etc. weiß, muss viel glauben'. Das gilt für alle Themenbereiche und Schulfächer. Wer von der Sache nichts weiß, muss eben das glauben, was man ihm vorsetzt. Sicher lässt sich darüber streiten, ob heute wirtschaftliche Kenntnisse nicht zur allgemeinen Bildung dazugehören und sinnvoll sind; dabei muss man aber im Blick haben, dass dies auf Kosten anderer Fachstunden geht, denn die Stundentafel von Schülern ist begrenzt. Selbst fleißige Schüler können nicht alles lernen, was es zu lernen gäbe.

Hinter der Forderung nach einem neuen Fach ‚Wirtschaft' steckt auch die Unkenntnis, was Schule leisten kann. Selbstverständlich wird ein Geschichts- oder Politiklehrer auch Grundkenntnisse von wirtschaftlichen Zusammenhängen vermitteln können und wollen, wenn es ins Curriculum passt oder die aktuelle Situation es dringend erfordert. Lehrer können sehr wohl über ‚ihren Tellerrand' hinausschauen, wenn sie sich den Blick dafür nicht vom ‚modernen' pädagogischen Methoden- und Kompetenzgeschrei trüben ließen. Natürlich wird ein solcher Lehrer nicht mit der Intensität und Konsequenz wirtschaftliche Themen unterrichten können wie KARL-JOSEF BURKARD, es sei denn, er vernachlässigt die Inhalte seines eigenen Faches. Also: Schule kann Fachwissen vermitteln, Schule kann auch über das einzelne Fachwissen hinaus allgemeine Fragestellungen beantworten, sie kann sehr wohl Anregungen weitergeben, für Interessierte andere Wissensquellen aufschließen, aber sie kann eindeutig nicht ihren Fächerkanon ins Uferlose erweitern, sie kann keine gesellschaftlich noch so nützlich erscheinenden Fragestellungen, wie z. B. die Abfallentsorgung, lösen und sie kann auch nicht Berufsausbildungen vorwegnehmen und beispielsweise Schüler als ‚Unternehmer' ausbilden, es sei denn, man nimmt einen

Niveauverlust in anderen Bereichen hin oder denkt über eine Straffung der Inhalte einzelner Fächer nach.

Deshalb ist auch dem Wunsch von 275 Astronomen vorerst mit Skepsis zu begegnen, die Astronomie als Pflichtfach im letzten Jahr der Mittelstufe einführen möchten. Hier ist die Politik und sind die so genannten Bildungsexperten gefragt, die das gewissenhaft abzuwägen und den allgemeinen Bildungswert dieses Faches in Konkurrenz zu den bereits bestehenden Schulfächern zu beurteilen haben[4].

An diesen Beispielen sieht man, dass Schule Bildungsinhalte vermitteln kann. Welche jedoch zu vermitteln sind, muss ein für alle verbindlicher Bildungskanon – von den Kultusministern zu verabschieden – festlegen, wenn Schule für alle gleiche Chancen bieten soll und wenn man Schule auf ihre Kernaufgabe, das Unterrichten, reduzieren will.

Was kann Schule noch?

Ein Blick in das aktuelle Schulgesetz von Nordrhein-Westfalen zeigt, dass sich die Politik Großes für ihre Schulkinder vorgenommen hat. So weist § 1 bereits auf den Dreiklang des nordrhein-westfälischen Schullebens hin: Recht auf Bildung, Erziehung und individuelle Förderung. Dabei fällt auf, dass alle drei Begriffe gleichberechtigt nebeneinander stehen, in § 2 über den Bildungs- und Erziehungsauftrag der Schule aber zum Begriff Bildung nichts mehr steht, dafür aber die Absätze 2 bis 8 sich mit der Erziehung beschäftigen und die Absätze 9 bis 11 der individuellen Förderung gewidmet sind[5].

---

[4] Sterne in die Schule – Astronomie soll Pflichtfach werden. In: Frankfurter Allgemeine Zeitung. Nr. 264 vom 13.11.2009, S. 33.
[5] Schulgesetz für das Land Nordrhein-Westfalen vom 15. Februar 2005, zuletzt geändert durch Gesetz vom 21. Dezember 2010, Stand 1.1.2011.

Die im Schulgesetz ausführlich beschriebenen Erziehungsziele basieren auf Art. 7 der Landesverfassung von NRW und umfassen von der Ehrfurcht vor Gott, der Achtung vor der Würde des Menschen bis zum Appell zum sozialen Handeln die zu einer modernen Demokratie unabdingbar gehörenden Merkmale. Diesen Rahmen muss und kann auch jede Schule bieten, mehr aber auch nicht. Da Schule einen zeitlich begrenzten Abschnitt im Leben eines Kindes und Jugendlichen einnimmt, dem sich zudem per Gesetz niemand verweigern darf (Schulpflicht!), ist der Einfluss der Schule auf diese Erziehungsziele eher marginal, aber dennoch äußerst wichtig.

Schule kann also nicht den einzelnen Schüler im Sinne dieser Erziehungsziele zu einem mustergültigen Gesellschaftsmitglied erziehen, sonst wäre das Paradies auf Erden schon verwirklicht. Schule kann nur diese marginalen Rahmenbedingungen vorgeben und vorleben. Den dauerhaften Einfluss, Kinder im wünschenswerten Sinne des Art. 7 der Landesverfassung zu erziehen, haben nur die Eltern. Sicher leisten viele Eltern wertvolle Erziehungsarbeit, die ganz unbewusst den Inhalten des Art. 7 entspricht, ohne ihn je gelesen zu haben.

Unsere Auffassung von Schulpflicht unterscheidet sich von der amerikanischen Sicht von Lernen und Schule erheblich. Die Schuldebatte um Einheitsschule und gegliedertes Schulwesen greift diese unterschiedliche Sichtweise auf, ohne dass sie den jeweiligen Verfechtern der betreffenden Seite vielleicht so bewusst ist. Das zeigt sich am Beispiel der deutschen evangelikalen Familie aus Baden-Württemberg, die aus religiösen Gründen ihren Kindern die Teilnahme am öffentlichen Schulunterricht verboten hat und diese zu Hause unterrichten wollte[6]. In den USA hat diese Familie inzwischen Asyl wegen politischer Verfolgung Andersdenkender bekommen

---

[6] Deutsche Evangelikale erhalten Asyl. In: Frankfurter Allgemeine Zeitung. Nr. 23 vom 28.1.2010, S. 5.

und die deutschen Kinder reihen sich dort in die 2 Millionen ‚Homeschoolers' ein. Wie viele dieser US-Amerikaner ihre Kinder aber aus ganz anderen Motiven zu Hause unterrichten, nämlich weil sie sich eine Privatschule nicht leisten können und/oder das öffentliche Schulsystem ihnen zu wenig leistungsorientiert ist, steht auf einem anderen Blatt.

Festzuhalten bleibt, dass das deutsche Schulsystem eine vom Gesetz geforderte Zwangsmaßnahme ist, die dem Ziel dient, alle Kinder an einem demokratisch ausgerichteten Bildungsweg teilnehmen zu lassen. Das ist die vom Gesetzgeber vorgegebene Eingangs- oder Chancen-Gleichheit, die nicht zu verwechseln ist mit der Ungleichheit der Kinder, die dieses Schulsystem durchlaufen müssen. So formuliert bereits § 1, Absatz 2 des NRW-Schulgesetzes von 2005[7], dass der Zugang zur schulischen Bildung jedem Schüler nach Lernbereitschaft und Leistungsfähigkeit offensteht. Hier bin ich beim dritten Begriff des NRW-Schulgesetzes angelangt, der individuellen Förderung. Kann Schule diesem gesetzlichen Auftrag zur individuellen Förderung nachkommen?

Vom Wort her ist individuelle Förderung nichts anderes als Einzelförderung.

Bisher haben Lehrer immer das Gespräch mit Schülern und Eltern gesucht, wenn Kinder hinter den verlangten schulischen Anforderungen zurückhinkten. Den umgekehrten Fall, dass Schüler ihren Mitschülern weit voraus sind, gibt es zahlenmäßig sicher weniger; dieser wird aber ebenfalls mit den betroffenen Schülern und Eltern besprochen. Hier konnte und kann das jeweilige Kind eine Klasse überspringen.

---

[7] Schulgesetz für das Land Nordrhein-Westfalen vom 15. Februar 2005, zuletzt geändert durch Gesetz vom 21. Dezember 2010, Stand 1.1.2011.

Wie sieht denn die Praxis bei der individuellen Förderung aus?

Schüler X hat eine Fünf in Deutsch bekommen, die Eltern sind bereits durch die schlechten Klassenarbeiten darauf aufmerksam gemacht worden. Der Lehrer hat versucht, dem Kind Schwächen zu erläutern und Lösungswege aufzuzeigen. In vielen Fällen, gerade wenn es sich um pubertierende Jugendliche handelt, stoßen gut gemeinte Ratschläge auf taube Ohren, Eltern fühlen sich häufig überfordert, mit ihrem aufmüpfigen Kind eine Lernstrategie durchzusetzen, in hartnäckigen Fällen wird angebotene Nachhilfe geschwänzt – die ‚modernen Verführer‘ (PC, Fernsehen, Spiele, Jugendcliquen etc.) behalten die Oberhand. Nun ist der Lehrer neben der Notengebung verpflichtet, den Eltern eine Lern- und Förderempfehlung mit dem Zeugnis mitzugeben und die Eltern mit Schüler anschließend zu einem weiteren Gespräch zu bitten. Häufig bringt dieser Aufwand nichts, da Eltern entweder den Termin nicht wahrnehmen oder mit ihrem erzieherischen Latein ohnehin am Ende sind. Wenn Schüler nicht lernen wollen, aus welchen Gründen auch immer, nützt die beste Förderung nichts. Deshalb bieten viele Schulen für ihre schwächeren Kandidaten eine Förderstunde in der Woche an – mehr ist beim vorgeschriebenen Stundenkontingent kaum machbar. Dann sitzen wieder acht bis zehn Schüler mit unterschiedlichen Lernschwierigkeiten beisammen, empfinden diese Zusatzstunde häufig als Strafe und können vom jeweiligen Lehrer eben nicht einzeln, sondern nur in der Gruppe gefördert werden.

Wenn man Kinder wirklich individuell fördern will, d. h. ihre Defizite ausbügeln oder ihre überdurchschnittliche Begabung stärken und ausweiten will, geht das wie im Leistungssport nur mit einem dafür ausgebildeten Trainer, sprich Lehrer, der das Kind in seiner gesamten Befindlichkeit unter seine Fittiche nimmt. Selbst dann ist der Erfolg nicht naturgegeben.

Wenn das Kind schon seine Leistungsgrenzen erreicht hat, bleibt der Erfolg ein Wunschdenken.

Bei nüchterner Betrachtung kann Schule diesen Gesetzesanspruch nicht leisten. Hier liegt die Vermutung nahe, dass aus politischer Gedankenlosigkeit, Überschätzung der eigenen Macht, gewissen Größenphantasien und völliger Unkenntnis der heutigen Schüler- und Elternschaft eine solche Forderung in das Gesetz aufgenommen wurde. Für die Lehrer und die jeweiligen Schulen ist dieser Anspruch, auf den sich Eltern nun beziehen und ihn einklagen können, besonders fatal, da sie in solchen Fällen als Versager gebrandmarkt werden.

Zusammenfassend lässt sich sagen, dass Schule nur Rahmenbedingungen für einen ordnungsgemäßen Lernablauf mit allen erforderlichen pädagogischen und inhaltlichen Gegebenheiten bieten kann. Schüler und Lehrer müssen diesen Rahmenbedingungen nachkommen. Alles andere überfordert das System Schule.

WIE WIRD SCHULISCHE LEISTUNG HEUTE BEWERTET?

„Jeder macht mit P$_{\text{ISA}}$, was er will'[1], ,Sachsen sind helle'[2], ,Trügerische Vera'[3], ,Der Skandal, der nicht publiziert wurde'[4] – alle diese Schlagzeilen haben nichts mit geographischen Informationen oder skandalträchtigen Geschichten aus dem Rotlichtmilieu zu tun. Sie nehmen in irgendeiner Weise Bezug auf die aktuelle Bildungslandschaft in Deutschland und könnten um ein Vielfaches an weiteren Überschriften ergänzt werden.

Die Schule, das Schulsystem in Deutschland gibt es nicht, die Bildungslandschaft ist zerklüfteter als die Alpen, neben gegliederten Schulsystemen gibt es das Einheits- oder Gesamtschulsystem, dazwischen zahlreiche Abstufungen, Halbtagsschulen, offene oder gebundene Ganztagsschulen, integrierte Schulen, Förderschulen, Sonderschulen, Privatschulen etc. Gemeinsam ist allen nur noch die gesetzliche Schulpflicht.

In regelmäßigen Abständen wird diese Unübersichtlichkeit von einem Chor lamentierender Landes- oder Bundespolitiker, Wirtschaftler, Wissenschaftler, Eltern, Lehrerverbänden, Unternehmern und Experten jeglicher Couleur begleitet, die das sinkende Niveau von Schulabgängern aller Schulformen

---

[1] Liessmann, K. P.: PISA oder die Rangliste als bildungspolitischer Fetisch. In: Profil: Das Magazin für Gymnasium und Gesellschaft. 6/2009. S. 25.

[2] Sachsen sind helle. In: Frankfurter Allgemeine Zeitung. Nr. 271 vom 19.11.2008. S. 1.

[3] Schmoll, H.: Trügerische Vera – Die KMK will offenbar Hauptschulen vom Vergleichstest ausnehmen. In: Frankfurter Allgemeine Zeitung. Nr. 269 vom 17.11.2008, S. 4.

[4] Tenorth, H.-E.: Der Skandal, der nicht publiziert wurde. In: Frankfurter Allgemeine Zeitung. Nr. 294 vom 16.12.2008, S. 37.

beklagen. Jedes Mal soll dann „ein Ruck" durch die Gesellschaft gehen, wie es einst Bundespräsident a. D. Roman Herzog[5] formulierte. Eilig werden neue Gremien konstituiert und Bundeskanzlerin Angela Merkel ruft Deutschland zur „Bildungsrepublik"[6] aus. Also: Nichts ist mehr wie früher, die Unzufriedenheit ist groß und der Schuldige immer der Andere. Trotzdem soll hier bei aller im Einzelnen feststellbaren Unterschiedlichkeit der deutschen Schulsysteme der Versuch unternommen werden, Gemeinsamkeiten herauszuarbeiten, die diesen Zustand hervorgerufen haben.

Seit 2000 werden in der so genannten Pisa-Studie alle drei Jahre Bildungsergebnisse von fünfzehnjährigen Schülern aus inzwischen 62 Ländern in den Naturwissenschaften, im Lesen und in der Mathematik verglichen. Pisa steht für ‚Programme for International Student Assessment'. In dieser vergleichenden Studie werden zentrale und grundlegende Kompetenzen untersucht, die für die Herausforderungen einer Wissensgesellschaft notwendig sind. Diese Studie bildet den zentralen Teil eines umfassenden Indikatorensystems der Organisation für wirtschaftliche Zusammenarbeit und Entwicklung (Oecd). Mit diesem Indikatorensystem will man die Mitgliedstaaten über Stärken und Schwächen ihrer Bildungssysteme informieren. Das Australian Council for Educational Research (Acer) koordiniert die Erhebungen. In Deutschland liegt die nationale Projektleitung beim Leibniz-Institut für die Pädagogik der Na-

---

[5] Aufbruch ins 21. Jahrhundert: Berliner Rede von Bundespräsident Roman Herzog im Hotel Adlon am 26. April 1997. URL: http://www.bundespraesident.de/Reden-und-Interviews/Reden-Roman-Herzog-,11072.15154/Berliner-Rede-von-Bundespraesi.htm?global.back=/Reden-und-Interviews/-%2C11072%2C6/Reden-Roman-Herzog.htm%3Flink%3Dbpr_liste, Abruf am 20. Februar 2011.

[6] Nationaler Bildungsbericht: Merkel ruft „Bildungsrepublik" aus. URL: http://www.faz.net/s/Rub594835B672714A1DB1A121534F010EE1/Doc~EA928EB1D76884805B00B891D1CD6EBB8~ATpl~Ecommon~Scontent.html, Abruf am 20. Februar 2011.

TURWISSENSCHAFT (IPN) in Kiel[7]. Die Absicht, einen Vergleich der Bildungssysteme herzustellen, scheint redlich, aber wie immer steckt der Teufel im Detail. So kann man nur Gleiches mit Gleichem vergleichen. Ein Blick auf das deutsche Schulsystem zeigt, dass es hier von systembedingten Ungleichheiten nur so wimmelt. Das ist auch ein Grund, warum jeder PISA so interpretiert, wie es seinen Vorstellungen am nächsten kommt. So wird z. B. aus der Tatsache, dass der PISA-Sieger Finnland ein Gesamtschulsystem hat, die Überlegenheit dieses Systems propagiert. Dass auch PISA-Verlierer wie die Türkei und Mexiko Gesamtschulsysteme haben, wird übersehen.

Die Schwäche dieses Testsystems liegt vor allem in der Aneinanderreihung von Quantitäten und Zahlen. Ranglisten werden aufgestellt und entwickeln eine Eigendynamik, jeder möchte auf Platz eins stehen. Diesen Ranglisten wird blind vertraut (Zahlen lügen nicht ...!), sie suggerieren Objektivität und werden zur bildungspolitischen Autorität. Qualität lässt sich nicht in ein einfaches Zahlenschema pressen, Quantität schon.

So kann ein Deutschlehrer sehr wohl nach einem Kriterienschema Punkte für einen Aufsatz vergeben. Trotzdem muss er feststellen, dass mehrere Aufsätze zwar die gleiche Punktzahl erreichen können, aber sich in ihrer Qualität immer noch erheblich unterscheiden, da man Sprache in ihrer Tiefe und Vielfalt der Ausdrucksmöglichkeiten letztendlich nicht in eine Messskala pressen kann. Gerne wird dem Lehrer dann vorgeworfen, parteiisch zu handeln. Will man nun z. B. die muttersprachlichen Fähigkeiten von Schülern testen, muss man das Material so auswählen, dass es mit einer Messskala erfasst werden kann. Hier zeigen sich die Grenzen von Testverfahren, da sie gerade im Bereich Sprache nur mit Qualitätsverlus-

---

ten machbar sind. Beim ersten PISA-Test hat Deutschland im internationalen Vergleich eher schlecht abgeschnitten, was zu einem allgemeinen Aufschrei geführt hat. Am wenigsten haben sich die Lehrer gewundert, da sie die nachlassende Leistungsfähigkeit ihrer Schüler seit geraumer Zeit beobachten konnten. Umso mehr staunte die Öffentlichkeit, dass sich Deutschland beim dritten PISA-Test, der naturwissenschaftlich ausgerichtet war, verbessert hatte. Sofort wurden diese Testergebnisse mit Bemerkungen relativiert, dass die überproportional vielen Fragen mit einem Umweltbezug eben deutschen Schülern besser gelegen hätten als ihren französischen oder britischen Mitstreitern. Die Lehrer staunten ebenfalls, dass sich ihre Schüler in so kurzer Zeit verbessert hatten, ohne dass es wirklich aufgefallen war. Wenn man aber weiß, dass die OECD grundsätzlich gesamtschulorientierte Systeme favorisiert, passt ein Land mit (auch) differenzierten Schulsystemen nicht ins Bild[8].

Interessant ist in diesem Zusammenhang zu erwähnen, dass bei der PISA-Ergänzungsstudie von 2006 mit Schwerpunkt Naturwissenschaften 13 von 16 deutschen Bundesländern einen Mittelwert über dem OECD-Durchschnitt aufweisen konnten. Im internationalen Vergleich liegen Sachsen und Bayern in der Spitzengruppe, in der Finnland den ersten Platz belegt. Zu den Schlusslichtern gehört der Stadtstaat Bremen, der das Einheitsschulsystem befürwortet. In Schuljahren ausgedrückt, bedeutet dies, dass die mittleren naturwissenschaftlichen Leistungen in Deutschland zwischen Spitzenreitern und Schlusslichtern um zwei Schuljahre differieren[9].

---

[8] Liessmann, K. P.: PISA oder die Rangliste als bildungspolitischer Fetisch. In: Profil: Das Magazin für Gymnasium und Gesellschaft. 6/2009, S. 24.
[9] Pisa-Studie: Länder streiten über Deutung. In: Frankfurter Allgemeine Zeitung. Nr. 271 vom 19.11.2008, S. 1.

Was lernen wir daraus?

Pisa suggeriert einen Vergleich von Bildungssystemen in Bezug auf ihre Leistungsfähigkeit. Allerdings werden nur eng begrenzte, kognitive Fähigkeiten abgefragt. Wirklichkeitsgetreue Rückschlüsse auf die Qualität der Bildung sind nur bedingt und generalisiert aussagekräftig.

Trotzdem schielen Schulen immer mehr nach Ranglisten, werden von der Politik zu Wettbewerben untereinander aufgefordert, was zu Lasten der qualitativen Arbeit geht. Schüler werden darauf getrimmt, die begrenzten Testverfahren zu bestehen, egal, wie viel anderer Unterrichtsstoff dafür geopfert werden muss. Je öfter eine Schule in der örtlichen Zeitung erwähnt wird, desto interessanter wird es für Eltern, ihr Kind dorthin zu schicken. Jede Selbstverständlichkeit, eine Theateraufführung, eine Sportveranstaltung, ein Ausflug wird zur Pressenachricht und Schulen bestimmen inzwischen eine Lehrkraft, die für die Pressearbeit verantwortlich ist.

Eine marktschreierische Tendenz hat sich inzwischen breitgemacht, der man sich nur schwer entziehen kann. Selbst auf Zeugnissen der Sekundarstufe 1 sollen inzwischen auch außerschulische Tätigkeiten vermerkt werden, wie z. B. ‚X arbeitet freiwillig bei der Feuerwehr, Y hat ein Praktikum bei der Firma Z absolviert'. Schön und gut, dadurch werden schulische Leistungen in der Regel nicht besser oder schlechter. Solche Bemerkungen dienen einzig und allein dem Zweck, Zeugnisse je nach Standpunkt aufzuwerten oder zu verwässern. Außerschulische Tätigkeiten dieser Art gehören gegebenenfalls als Anhang zu einem Bewerbungsschreiben, aber nicht auf ein Zeugnis der Mittelstufe.

Welchen Einfluss ökonomisches Denken inzwischen auf Leistungsmessung und Schule ausübt, zeigt die ‚Initiative

Neue Soziale Marktwirtschaft' (INSM), die 1999 von Arbeitgeberverbänden der Metall- und Elektroindustrie gegründet wurde und ihren Sitz in Köln hat. Ziel ist es, eine konsequente und konsistente wettbewerbliche Ausrichtung unserer Wirtschafts- und Sozialordnung zu fordern, um mehr Wachstum und Arbeitsplätze zu schaffen. Blickt man auf die Wirtschaftsdaten der vergangenen zehn Jahre, ist der Erfolg dieser Initiative bisher ausgeblieben. Trotzdem ist es diesen ökonomisch gebildeten ‚Gutmenschen' gelungen, eine bundesweite Vergleichsstudie ‚Bildungsmonitor' ins Leben zu rufen, die vom Institut der deutschen Wirtschaft erstellt wird. Diese Studie soll die Bildungssysteme der einzelnen Bundesländer anhand von über 100 Kriterien vergleichen, darunter Klassengrößen, Zahl der Bildungsabschlüsse von Schülern und Studenten, Bildungsausgaben und Studiendauer. Wie fragwürdig die Ergebnisse dieser aufwändigen Studie sind, zeigt sich z. B. im Vergleich zur ersten Studie aus dem Jahre 2004. Alle 16 Bundesländer seien 2009 in Bezug auf die genannten Kriterien deutlich leistungsfähiger geworden. NRW nimmt hier den vorletzten Platz vor Berlin ein, an der Spitze liegen Sachsen und Thüringen. Im Hochschulbereich habe aber NRW im Punkt ‚Zeiteffizienz' sehr gut abgeschnitten, da dort die Bachelorstudiengänge überdurchschnittlich schnell umgesetzt worden seien. Dass allerdings die Qualität darunter gelitten hat, zeigt sich am Faktor ‚Betreuung'. Im Bundesdurchschnitt kommen auf einen Lehrenden 15,4 Studierende, im nach ‚Bildungsmonitor' vorbildlichen NRW dagegen 24 Studierende[10].

Zusammenfassend lässt sich sagen, dass Ranglisten, Außenwerbung, ausgefeilte Tests und Vergleichsstudien nicht zu besseren schulischen Leistungen führen, da allein die Messverfahren problematisch sind und die Ausgangsbedingungen

---

[10] Meier, K.: Schlechte Noten für die Bildung in NRW. In: Kölner Stadt-Anzeiger. Nr. 193 vom 21.8.2009.

häufig gar nicht vergleichbar sind. Sollen Schulen also völlig ohne Kontrolle von außen machen dürfen, was sie wollen, soll jede Schule ihre eigenen Leistungsstandards festlegen? Natürlich nicht, hier ist die Bildungspolitik gefragt, die die Inhalte der jeweiligen Curricula (Bildungskanon!) festlegt, die für den gewünschten Abschluss erreicht werden müssen. Warnen möchte ich nur vor der gegenwärtigen Zahlengläubigkeit, die euphorisch vorgaukelt, Ranglisten sagten etwas über schulische Leistung aus. Im Gegenteil, das ständige Schielen auf wettbewerbstaugliche Auszeichnungen behindert solides schulisches Arbeiten und bugsiert Schule immer tiefer in eine Abwärtsspirale hinein, die auf der politischen Seite zunehmenden Aktionismus und Symptomkorrekturen, sprich Reformen, hervorrufen. Schulen produzieren keine Industriewaren, wie z. B. Handys, die man je nach Herstellerfirma auf Qualität und Wirtschaftlichkeit prüfen kann. Schulen unterrichten Kinder, damit diese sich später nach ihrem jeweils erreichten Abschluss mit ihren Altersgenossen um Berufs- und Studienplätze bewerben können. Eine gelungene Lebensplanung hängt von weit mehr Faktoren ab als von Ranglisten und bildungspolitischen ,Qualitätsstudien'.

Wie wird heute unterrichtet?

„Ich weiß gar nicht, was du hast. Zu meiner Grundschulzeit waren wir fast 50 Schüler in der Klasse, das hat auch funktioniert. Wehe, wenn da einer Blödsinn gemacht hat. Da gab es ein tüchtiges Donnerwetter. Ihr müsst eben mal richtig durchgreifen. Heute regt ihr euch auf, wenn 30 Kinder vor euch sitzen."

Ich schaute mein Gegenüber daraufhin aufmerksamer an: 70 plus, graumeliertes, gepflegtes Haar, gut sitzende Krawatte, Goldmanschettenknöpfe – kurz, eine gepflegte, bürgerliche Erscheinung mit Wochenendhaus in Holland und blonden Enkelkindern. Ich beschloss, nur freundlich zu nicken und nichts zu erwidern. Im Laufe des Abends widerfuhr mir dennoch eine gewisse Genugtuung. Genau dieser Herr beklagte sich beim andern Tischnachbarn, dass sein Enkelsohn sich nicht für Geschenke bedanken würde. Außerdem plane seine Tochter einen Schulwechsel, da Kevin, so hieß wohl der Goldjunge, wegen „ein paar nicht gemachter Hausaufgaben" und anderer „Kleinigkeiten" von den Lehrern dauernd an den Pranger gestellt würde. Na ja, wenn dem tatsächlich so ist, wäre das nicht das erwünschte Durchgreifen?

Wie sieht heute Schulunterricht aus? Werden Kinder ‚an den Pranger' gestellt? Wie wird unterrichtet?

Ein Blick auf die einschlägige pädagogische Literatur zeigt, dass es unzählige Ratgeber gibt, die einen zeitgemäßen, modernen Unterricht propagieren, immer neuere, bessere Methoden empfehlen – man fühlt sich an die Waschmittelwerbung erinnert: ‚Ariel wäscht weißer als weiß'. Methodenkompetenz ist zum beliebten Schlagwort bei Fachleitern geworden.

37

Wehe, wenn ein Referendar nicht virtuos mit Beamer, Power Point, Filmausschnitten, bunten Folien, PIN-Wand und Karteikarten umgehen kann, und das möglichst alles in 45 Minuten, daneben Standbilder von Schülern erstellen lässt, Gruppenarbeit und Stationenlernen als gängige Unterrichtsmethode betreibt und nur noch moderierend, wenn überhaupt, sich der Klasse präsentiert ...

Was ist diesen neuen Methoden gemeinsam?

1. Moderne Lehrmethoden lehren nicht. Sie stellen den Schüler in den Mittelpunkt, nicht das Thema, d. h. die Sache, die es zu vermitteln gilt. Der Schüler soll selbstständig lernen. Da man ‚Lernen‘ auch früher nur selbstständig konnte, ist diese Forderung nicht neu. Zum Leidwesen aller Lernenden lässt sich dieser Prozess noch nicht auslagern oder Neudeutsch ‚outsourcen‘, und so wird die zu vermittelnde Sache je nach Fach vom modernen Lehrer in großer Fleißarbeit verunstaltet, destrukturiert, zerkleinert, infantilisiert. So soll z. B. ein Gedicht nicht mehr vom Lehrer vorgetragen werden, nein, er hat die Strophen durcheinandergewirbelt, sie auf Folie oder auf den PC geschrieben und nun an die Wand projiziert. Die Schüler sollen die einzelnen Strophen in die richtige Reihenfolge setzen, am besten nicht allein, sondern in Gruppen, u. U. auch noch einen neuen Schluss dazudichten, umformen oder szenisch gestalten. Bereits dem Laien fällt auf, dass diese ‚kreative‘ Methode viel Zeit beansprucht, keinen Respekt vor literarischer Leistung kennt und die Ergebnisse eher mager sein dürften.

Natürlich kann man Gedichte auch szenisch umgestalten, aber das wäre ja wieder ein eigenes Thema, das dann ebenfalls mit neuen Methoden aufbereitet werden müsste, wie z. B. dem beliebten Stationenlernen. Hier hat der Lehrer viel Material zusammengetragen und es im Klassenzimmer strategisch unter bunten Oberbegriffen verteilt und mit Fragestellungen versehen, die die Schüler mithilfe von Lernkarteien und Lösungsbögen über einen längeren Zeitraum beantworten. Für den zusammenfassenden Überblick am Schluss einer solchen Einheit bleibt in der Regel zu wenig Zeit, ganz abgesehen von den Schülern, die dieses ‚freie' Lernen als angenehmen Zeitvertreib betrachten. Trefflich lässt sich bei diesen neuen Methoden die soziale Kompetenz der Schüler messen. Da der Lehrer ja nicht mehr unterrichtet, sondern beaufsichtigt und moderiert, hat er Zeit, die Schüler, die sich mit dem dargebotenen Stoff recht und schlecht auseinandersetzen, in ihren sozialen Verhaltensweisen zu studieren. Auch wenn der Lernerfolg mäßig ist, so hat sich der Einzelne ja engagiert, was eine schlechte Benotung in der Sache unmöglich macht.

2. Neu = gut, diese Gleichung wird nicht hinterfragt. Wie begeistert man abwegige Methoden inzwischen in manchen Schulen aufgreift, zeigt das KultCrossing in Köln. Die Initiatorin beschreibt ihre Idee so: „Das Selbstverständnis von KultCrossing lautet: durch ungewöhnliche Herangehensweisen neue Perspektiven und somit neue Zugänge zum Unterrichtsstoff eröffnen. Wir wollen den Schülern auch zeigen, dass es eine Welt außerhalb der Schule gibt, da wartet das (Berufs-) Leben, in dem vernetztes Denken, Kreativität, Selbstbewusstsein eine Rolle spielen. Das vermitteln die Kult-Crossing-Programme sehr erfolgreich." U. a. gibt es einen Kurs ‚Tanz der Mathematik' oder ‚KultWear-Mode von Schülern für Schüler'. Natürlich finden solche Projekte, die das ‚wirkliche Leben' zeigen, während der normalen Unterrichtszeit statt. Sie finden nicht nur Gehör bei den Schülern, die jede Art von ‚Happening' naturgemäß begeistert aufnehmen, sondern auch an höchster Stelle. So hat Frau SOMMER, Schulministerin a. D., bei einem Kongress in Köln zur ‚Praxis der individuellen Förderung' sich so geäußert: „Wenn ich schon höre, Frau SCHULTE, dass man den Oktaeder vielleicht tanzen

kann, dann ist ja schon viel gewonnen, und ich werde mal überlegen, ob Sie die nächsten Mathematikaufgaben fürs Abitur nicht erstmal in dieser Weise vorbereiten, dass Sie sie künstlerisch darstellen"[1].

3. Neue Methoden gehen mit einer Begriffsaufwertung von Schule und Schülern einher. So spricht die BERTELSMANN STIFTUNG Schüler als VIPs an, um sie für einen Wettbewerb über Integrationsprojekte zu motivieren. Interessanterweise stammt die Idee aus Kanada. Dort wurde die Schulverwaltung von Toronto „für ihre beispielhafte Arbeit bei der Integration von Kindern mit Migrationshintergrund mit dem Carl-Bertelsmann-Preis ausgezeichnet". Das Schreiben, das von der BERTELSMANN STIFTUNG 2008 an viele Schulen geschickt wurde, weist deutlich darauf hin, dass BERTELSMANN die kanadischen Konzepte und Ideen in Deutschland verbreiten will und auf Veränderungen hier drängen will. Ganz abgesehen davon, dass die Einwanderungspolitik in Kanada eine andere ist als in Deutschland, sieht man an diesem Beispiel, wie wirtschaftliche Organisationen auf Schule und Politik Einfluss nehmen[2].

Inzwischen werden schon Kindergärten ausgezeichnet. So erhielt die CARITAS-Kindertagesstätte Ferrenberg im Rheinland das Prädikat ‚HAUS DER KLEINEN FORSCHER‘, weil dort bereits Naturwissenschaften und Technik als frühkindliche Bildung stattfinden. Deutschland braucht sich also in Zukunft keine Sorgen mehr zu machen, zu wenig Ingenieure und Naturwissenschaftler zu haben ...[3]. Aber auch in neuen Geschichtsbü-

---

[1] Lampe, B.: Neue Perspektiven. In: Kölner Stadt-Anzeiger. Nr. 149 vom 1.7.2009, S. 28.
[2] Alle Kids sind VIPs: Brief der Bertelsmann Stiftung an Gymnasien in NRW, 2008.
[3] Experimente am Ferrenberg – KiTA zeigt Ergebnisse in Ausstellung. In: Bergisches Handelsblatt. Nr. 39 vom 23.9.2009, S. 13.

chern für die 7. Klassen beantworten Kinder nicht mehr nur Fragen, sondern sie erhalten ‚Forschungsaufträge‘[4]. Aus dem Klassenlehreramt wurde schon Ende der 1970er Jahre ein Ordinariat, eine Stoffsammlung ist heute eine Mind-Map, lose Gedankensplitter werden zum Cluster, Flugblätter zu Flyern etc. ... Nur der Inhalt bleibt derselbe.

Wie weit solche Modernismen begeistert aufgenommen werden, kann man in ‚SCHULZEIT – Das Magazin für Eltern in Nordrhein-Westfalen‘, Ausgabe Herbst 2008, nachlesen. Hier wird berichtet, wie ein 13-jähriger Schüler im Chemie-Unterricht Fünftklässler unterrichtet, interessanterweise mit der Methode des verpönten Frontalunterrichts .... So heißt es dort: „Zu den neuen Methoden gehört auch, dass ältere Schüler immer wieder mal die jüngeren anleiten.“ Die jüngeren Kinder nähmen so gerne den Stoff von den älteren auf, diese könnten in der Lehrerrolle ihr Selbstbewusstsein entfalten und ihr Wissen vertiefen. Damit würden Schüler dort abgeholt, wo sie gerade mit ihren Fähigkeiten und Interessen stehen. Gleichzeitig setze man so das Prinzip der individuellen Förderung um[5].

Da die neuen Methoden den Schüler in den Mittelpunkt stellen und ihn agieren lassen, Lehren und Lernen verwechseln, wird der Lehrer zur lästigen Randerscheinung. Damit hat er seinen Beruf verfehlt. Lehrer sind Menschen, die lehren, also unterrichten. Damit stellen sie eine Sache, ein Thema vor, das sie didaktisch so aufbereitet haben, dass es zur jeweiligen Altersgruppe und dem Reifegrad der Schüler passt, diese weder unter- noch überfordert. In der Regel lernen Lehrer das an der Hochschule und im Ausbildungsseminar. Was Leh-

---

[4] Forschungsstation: Was Historische Karten erzählen. In: Zeiten und Menschen. Band 2. Paderborn, 2008, S. 14.
[5] Unterricht, der alle Kinder mitnimmt. In: Schulzeit: Das Magazin für Eltern in Nordrhein-Westfalen. Herbst 2008, S. 6 f.

rer dort nicht lernen können, ist die Liebe zu den Schülern, die Freundlichkeit, den Respekt, ein Gerechtigkeitsgespür, Urteilskraft und Entscheidungsvermögen. Hat der jeweilige Lehrer darüber hinaus auch noch Humor, ist er ein Glücksfall.

Auch beim Unterrichten führen viele Wege, sprich Methoden, nach Rom. Die Vorstellung, dass ein Lehrer wie ein Universitätsprofessor doziert, mag früher vielleicht, wenn überhaupt, gestimmt haben. Heute würde er eine solche Unterrichtssunde nicht durchhalten können, da die Kinder über kurz oder lang tatsächlich über Tische und Bänke springen würden. Trotz klarer Führung wird er Stillarbeitsphasen, Frage-Antwort-Phasen, Diskussionen etc. in seinen Unterricht einbauen. Dieser bleibt aber lehrergesteuert, aufgabenorientiert, zielgerichtet und effektiv. Seit der Reformpädagogik und der 1968er ‚Revolution' wird diese Art des Unterrichts als Frontalunterricht diffamiert. Trotzdem haben weder moderne Methodenvielfalt noch Medienkompetenz das Leistungsniveau anheben können. Anzumerken wäre noch, dass die PISA-Siegernationen Finnland, Korea und Japan gerade einen solchen Frontalunterricht praktizieren[6].

---

[6] Dollase, R.: Wann ist Unterricht gut? In: Bildung aktuell. Mai 2005, S. 14 f.

WAS HEISST LEHRERFORT-
BILDUNG HEUTE?

Lebenslanges Lernen, Kompetenzteams, Workshops, Netzwerke, Nachhaltigkeit, Qualitätsmanagement, Evaluation – im Dunstkreis dieser und vieler anderer Begriffe tummeln sich die so genannten Fortbildungspädagogen. Jeder NRW-Schule steht ein pädagogischer Tag zur Verfügung, der fortbildend genutzt werden soll. Verlage bieten ihre Experten zu den unterschiedlichsten, der aktuellen Mode angepassten Themen an. Diese Experten – ausstaffiert mit einer Art Werkzeugkoffer, bunten Zetteln, Scheren, Stiften, Power Point-Vortrag mühen sich, den Kollegen Altbekanntes neu zu vermitteln, so z. B. zum Thema ‚Mobbing'. Vor einigen Jahren den meisten Bürgern noch ein unbekanntes Wort, kennen es inzwischen schon die Grundschüler. Das Ausgrenzen und Miesmachen von Mitschülern oder Kollegen gab es schon immer und der Umgang mit diesem traurigen Phänomen menschlichen Verhaltens ist so unterschiedlich wie jeder einzelne Fall auch. Hier ist der Lehrer als Pädagoge gefragt, der um kindliche Boshaftigkeit wissen muss, sie erkennen sollte und ahnden muss. Das ist im Schulalltag bei durchschnittlich 250 Schülern/Lehrer in der Woche nicht einfach. Dabei steht ihm die ganze Palette pädagogischen Verhaltens zur Verfügung: Takt, Feingefühl, Überredung, Überzeugung, Witz, Ironie, Aufzeigen von Konsequenzen, u. U. Strafandrohung oder Strafe. Das kostet Zeit, manchmal müssen Eltern oder Schulleitung herangezogen werden, Vereinbarungen müssen getroffen werden und in hartnäckigen Fällen gilt leider auch hier, was SCHILLER in seinem ‚Tell' sagte: „Es kann der Frömmste nicht in Frieden bleiben, wenn es dem bösen Nachbarn nicht gefällt"[1].

---

[1] Schiller, F.: Wilhelm Tell. Reclams Universal-Bibliothek Nr. 12. Stuttgart, 1992, 4. Aufzug, 3. Szene, Vers 2683.

Vielleicht gibt es aber für den noch nicht ‚fortgebildeten‘ Lehrer eine Chance, in einem knappen Tag den Königsweg aufgezeigt zu bekommen. Blickt er allerdings auf die Tagesordnung, so schwant ihm Altbekanntes:

Der Moderator nennt sich Trainer und stellt sich zuerst einmal ausführlich vor, anschließend erläutert er das Programm des Tages, die Ziele, bittet um Vorstellung der einzelnen Kollegen, trägt kurz etwas zum Thema Mobbing vor und kündigt die erste Kaffeepause an. Der zweite Teil der Veranstaltung, es ist inzwischen schon 10:30 Uhr, ist einem Rollenspiel gewidmet. Die Kollegen sollen sich in das Mobbing-System eindenken und Gefühle und Gedanken eines Gemobbten nachempfinden. Anschließend folgt eine Reflexion. Die Gruppe wird geteilt, und in jeder Gruppe werden nun die gleichen Übungen durchgeführt. Um 12:00 Uhr ist Mittagspause. Einige Kollegen verabschieden sich französisch, die Jüngeren sind eher verlegen und finden die Rollenspiele ‚interessant‘, andere müssen noch dringend Unterricht vorbereiten oder widmen sich dem Mittagessen, das von auswärts bestellt wurde. Aus Sparsamkeitsgründen sind die Kollegen gebeten worden, Teller und Besteck selbst mitzubringen, was tatsächlich auch geklappt hat. An den überfüllten Lehrertischen wird nun gegessen und Essensdüfte wabern durch die Luft. Um 13:00 Uhr gibt es einen so genannten ‚bewegten Einstieg‘, bei dem sich die Kollegen in Doppelreihen gegenübersitzen, auf Kommando die Plätze fortschreitend gewechselt werden, so dass jeder Kollege mit jedem in Kontakt kommt und ihm seine Eindrücke mitteilen kann. Danach folgt eine Besprechung aktueller Vorfälle und Erlebnisse und eine Darstellung von Handlungsalternativen. Der Schluss wird von einem Selbstmanagement gekrönt, z. B. der Formulierung persönlicher Lernziele oder dem Schreiben eines Briefes an sich selbst. Um 15:30 Uhr schließt die Veranstaltung, im Nu sind alle Kollegen verschwunden, der Staat um mindestens € 1.000 ärmer und die Kollegen um eine Frustration reicher.

44

Natürlich gibt es auch fachspezifische Fortbildungen, die einen oder mehrere Tage dauern und für die die Lehrer vom Unterricht freigestellt werden. Womit sich solche staatlichen Lehrerfortbildungen befassen, sei am Beispiel einer Fortbildung für Geschichtslehrer dargestellt. Unter dem Titel ,»Wo stehen unsere Schüler?« – Beispiele für diagnostische Verfahren zur individuellen Förderung im Geschichtsunterricht' sollen Lehrer dazu angeleitet werden, die im Schulgesetz verankerte ,individuelle Förderung' umzusetzen – eine politische Forderung, die schon in der Theorie zum Scheitern verurteilt ist, weil Schule das nicht leisten kann. Dafür wird Unterricht preisgegeben und der so fortgebildete Lehrer wird über kurz oder lang feststellen, dass das ihm Vermittelte nicht umzusetzen ist oder keinen Sinn ergibt. In der Ankündigung dieser Fortbildung heißt es: „Die Fähigkeit zur Diagnose des Lernstandes der Schülerinnen und Schüler ist seit einiger Zeit fester Bestandteil der Kompetenzen, über die Lehrer und Lehrerinnen verfügen sollen. Bei näherer Reflexion lässt sich der zunächst etwas klinisch anmutende Begriff ,Diagnose' gut an das alltägliche Handeln im Lehrerberuf anbinden. Das Anliegen, möglichst gut über die Lernvoraussetzungen der Schüler und Schülerinnen bescheid zu wissen, ist an sich nichts Neues, wohl aber die Intensität, in der es nun mit dem Anspruch der individuellen Förderung gekoppelt wird. Zudem ist der aktuelle Begriff der ,Diagnose' eng verbunden mit der Umsteuerung des Unterrichts hin auf eine ,Output-Orientierung'.

Im Rahmen der Didaktik des Faches Geschichte liegen inzwischen erste konkretere Verfahrensvorschläge für die Diagnose historischer Kompetenzen vor, die wir aufgreifen möchten, um ein vielfach artikuliertes Fortbildungsanliegen zu erfüllen. Daneben sollen aber auch bekannte Instrumente wie z. B. Tests und Klausuren unter dem Aspekt der ,Diagnose und Förderung' diskutiert werden"[2].

---

[2] Wo stehen unsere Schüler? Einladung an Geschichtslehrer zur Fortbildungsveranstaltung im Rheinisch-Bergischen Kreis, 2009.

Dass der Lehrer bei dieser Fortbildung nichts Neues lernt, wird ganz offen in der Ankündigung zugegeben. Die Fortbildung dient allein dazu, die Lehrer auf das neue Verständnis von Unterricht, nämlich ‚Output-Orientierung‘, einzuschwören. Damit schließt sich der Kreis und knüpft an die Pisa-Ergebnisse an, die von vielen Bildungspolitikern so interpretiert werden, dass ein neuer Unterricht geschaffen werden muss, der nicht mehr Fachwissen in den Mittelpunkt stellt, sondern Kompetenzen, die in Vergleichsarbeiten und Bildungsstandards getestet werden und damit eine vermeintliche Qualität vorgaukeln und zu einer drastischen Absenkung des Bildungsniveaus führen. So hat der Fachdidaktikprofessor Hans Peter Klein aus Frankfurt am Main eine empirische Untersuchung einer aktuellen Zentralabiturarbeit im Leistungskurs Biologie in NRW vorgestellt, die ganz klar den Niveauverlust an Fachwissen beweist, weil die gestellten Aufgaben allein kompetenzorientiert formuliert waren, d. h. dass sämtliche Lösungen zu den Aufgaben aus dem beigefügten Arbeitsmaterial herauszufiltern waren. Wer lesen und zuordnen konnte, musste die Aufgaben richtig lösen, ein fachbedingtes Wissen, Kombinieren und Denken war nicht nötig[3].

Sicher wird es auch Lehrerfortbildungsveranstaltungen geben, die dem Einzelnen einen Bildungsgewinn vermitteln, gewünscht wird dies aber von der Politik nicht. Wie weit und wie konfus politische Entscheidungen die Bildungslandschaft geprägt haben und weiter prägen, ist gerade an der o. g. Lehrerfortbildung für Geschichtslehrer erkennbar. Sie wurde noch unter der CDU/FDP-Regierung in NRW 2009 angeboten. Diese Regierung propagierte das dreigliedrige Schulsystem und machte sich für ein allgemeinbildendes Gymnasium stark. Mit ihrem neuen Schulgesetz höhlte sie aber gleichzei-

[3] Kissling, B., Klein, H. P.: Bildungsstandards auf dem Prüfstand – Der Bluff der Kompetenzorientierung: Auf dem Weg zum homo oeconomicus? In: Profil: Das Magazin für Gymnasium und Gesellschaft. 10/2010, S. 8 ff.

tig die Allgemeinbildung aus und leistete (bewusst, aus Gedankenlosigkeit oder aus Unkenntnis) den Befürwortern einer Einheitsschule Vorschub.

LEHRERBILD

Zwischen Waldorfsalat und Wildpastete merkte ich, wie der Ärger langsam in mir hochstieg. Gerade plätscherte die Geburtstagseinladung gemächlich vor sich hin, der Jubilar hatte eine launige Begrüßungsrede gehalten, es folgten musikalische Ständchen, Applaus und das Servierpersonal schwebte mit der Vorspeise an die Tische der Gäste. Mein Tischnachbar, ein Herr so um die 60, gepflegt, pensionierter Ingenieur und Golfspieler, beäugte mich die ganze Zeit recht kritisch. „Sie arbeiten wohl noch?" Ich bejahte und gestand, Kinder zu unterrichten. Die dekorative Vorspeise zog mich in ihren Bann und noch bevor ich den ersten Bissen hinunterschlucken konnte, war ich einem Wortschwall ausgesetzt. Ja, die Schule habe völlig versagt, die Lehrer unterrichteten immer noch althergebracht und ohne Ahnung von der Welt da draußen, das sehe man an der Wirtschaftskrise. Die Kinder könnten ja gar nicht mit Geld umgehen, der Schuldenberg wachse ins Unendliche, die Häuslebauer in den USA hätten mit ihren Krediten das Finanzdesaster ausgelöst, ja, man könne einfach nicht über seine Verhältnisse leben etc.

Natürlich, dachte ich, Wirtschaft ist in. Warum musste ich nur sagen, dass ich Lehrerin bin? Ich hätte den Tag doch so genießen können, hätte ich doch nur gesagt, ich sei Hausfrau. Damit ist jede Diskussion erledigt, man kann sich ruhig zurücklehnen und den anderen zuhören. Mit Hausfrauen zu diskutieren oder zu streiten, das macht man nicht. Nun, es war zu spät. Meine zaghaften Einwände, Schule müsse Grundlagen vermitteln und Lehrer würden natürlich in den entsprechenden Fächern auch wirtschaftliche Frage ansprechen, wenn dies angebracht sei, fruchteten nichts. Ich ärgerte mich über mich selbst und war froh, dass die Familie des Jubilars zwischen den festlichen Menügängen lustige Einlagen aus dem Leben des Gefeierten zum Besten gab und so die Diskussion beendet wurde. Inzwischen war mein Tischnachbar mit den verschiedenen Gängen reichlich beschäftigt und eine wohltuende Ruhe senkte sich über die Festgemeinde. Nur noch ein leises Murmeln unterbrach die konzentriert kauenden Gäste ...

Schule und Lehrer als Verantwortliche für gesellschaftliche Fehlentwicklungen? Eine ALLENSBACH-Umfrage aus dem Jahre 2009 zum Lehrerbild in der Öffentlichkeit zeigt, dass dieses nach wie vor sehr stark von Vorurteilen geprägt ist. Die Vorurteile werden geringer, je konkreter der Befragte auf aktuelle und direkte Erfahrungen mit Lehrkräften zurückgreifen kann. Bei aller Vorsicht im Umgang mit Pauschalurteilen muss man allerdings festhalten, dass das Image des Lehrers in der Öffentlichkeit schlecht ist[1]. So schreibt ein Schüler in einem Leserbrief zum Thema Lehrerberuf, warum er diesen Beruf nicht ergreifen werde, obwohl in den nächsten Jahren Tausende Lehrer in NRW fehlten. Für ihn ist die mangelnde Anerkennung, die diesem Berufsbild widerfährt, ausschlaggebend[2].

Der Niedergang des Lehrerberufs begann mit der 1968er ‚Revolution‘ und hat sich seitdem schleichend fortgesetzt. Der Protest gegen das so genannte Establishment fand eifrige Nachahmer auch unter den Lehrern. ‚Sekundärtugenden‘, wie z. B. Pflichtgefühl, Berechenbarkeit, Standhaftigkeit wurden ins Lächerliche gezogen. Sie galten für die tonangebenden Intellektuellen der siebziger und achtziger Jahre des vorigen

---

[1] Eltern sind an besseren pädagogischen Bedingungen, nicht an Strukturfragen interessiert. Pressemitteilung des Philologen-Verbandes NRW vom 26.3.2009. URL: http://phv-nw.de/cms/presse/pressemitteilungen/67-pressemitteilung/1267-eltern-sind-an-besseren-paedagogischen-bedingungen-nicht-an-strukturfragen-interessiert, Abruf am 20. Februar 2011.

[2] Schanze, J.-L.: Zurück in die Schule? Nein, danke! In: Kölner Stadt-Anzeiger vom 24.7.2009, Leserbriefe.

Jahrhunderts als Hindernis für fortschrittliche Entwicklungen in der Gesellschaft.

Oskar Lafontaines böses Wort, mit Sekundärtugenden habe man auch ein KZ führen können, geisterte durch Debatten[3]. Wer intellektuell mitreden wollte, zeigte das schon äußerlich: Anzug und Krawatte wurden entsorgt, Turnschuhe und Rollkragen hielten Einzug. Wer etwas auf sich hielt, ökologisch und modern sein wollte, zeigte sich schlampig. Bis heute prägt dieses Bild manche Lehrerkollegien. Häufig sind junge Lehrer rein äußerlich von ihren Schützlingen kaum zu unterscheiden: verwaschene Jeans, weite Pullover, bei den Damen manchmal provozierend enge Hosen, tiefe Ausschnitte oder unförmige, flattrige Oberteile. Bekanntlich lässt sich über Geschmack trefflich streiten, aber darum geht es gar nicht.

Warum verzichten viele Lehrer auf eine gepflegte Kleidung? Gedankenlosigkeit, Jugendwahn, Unsicherheit, Anbiederung an die Schüler, Festhalten an studentischen Gepflogenheiten? Schließlich schafft gute Kleidung Distanz, Respekt … ‚Kleider machen Leute', das hatte schon Gottfried Keller erkannt. Was haben Äußerlichkeiten mit dem Lehrerbild gemein? Lassen sich Obamas Forderungen nach mehr Respekt (Demut), Bescheidenheit, Pflicht und Anstrengung im mitmenschlichen Zusammenleben in Beziehung zum Lehrerberuf setzen?

Respekt: Egal, welche Berufssparte oder Altersklasse sich zum Lehrerdasein äußert, kaum wird mit Respekt von diesem Beruf gesprochen. Den meisten ist nicht wirklich bewusst, dass Lehrer eine mehrjährige akademische Ausbildung haben und über ein Fachwissen wie andere Berufe auch verfügen. Immer häufiger kommt es vor, dass Eltern Lehreranweisungen

---

[3] Diskussion um den NATO-Doppelbeschluss. In: Stern. Nr. 29 vom 15.7.1982. URL: http://de.wikiquote.org/wiki/Oskar_Lafontaine, Abruf am 20. Februar 2011.

nicht mehr respektieren. Einer meiner Schüler hatte eine völlig unleserliche und unsorgfältige Arbeit abgeliefert, worauf ich eine Neuschrift verlangte. Die Eltern untersagten ihrem Kind, den Text noch einmal sauber abzuschreiben, mit der Begründung, dass es sowieso nur auf den Inhalt ankäme, da man im späteren Berufsleben mit Computer schreibe und ihr Kind seine ohnehin knappe Freizeit besser gestalten könne, als Texte abzuschreiben. Die öffentliche Lehrerschelte gipfelte in den Worten des ehemaligen Bundeskanzlers GERHARD SCHRÖDER, der die Lehrer als ‚faule Säcke' bezeichnete[4].

Bescheidenheit: Sie tritt im öffentlichen Lehrerbild nicht in Erscheinung. Bekanntlich haben Lehrer vormittags Recht und nachmittags frei, darüber hinaus sind sie mit 12 Wochen Ferien gesegnet. Neben allen fachspezifischen Ungleichheiten in diesem Beruf arbeiten Lehrer nachweislich mehr als 40 Stunden in der Woche und von den 12 Wochen Ferien gehen mindestens vier Wochen je nach Schulform für Vorbereitungen und Korrekturen ab. Müßig ist der Vergleich mit anderen Berufsgruppen, die aber bei ähnlicher Ausbildungsdauer und Verdienst meist eine geringere Wochenarbeitszeit haben und auch mindestens sechs Wochen Jahresurlaub bekommen.

Pflicht: Die Pflichten des Lehrers haben in den vergangenen Jahrzehnten objektiv zugenommen, so z. B. mit einer Erhöhung der Pflichtstundenzahl, der Erweiterung ihrer Aufgaben, der Betreuung der Schüler und den mit der individuellen Förderung zusammenhängenden Mehraufgaben.

Anstrengung: Die enorme Anstrengungsleistung vieler Lehrer, die gerade in Brennpunkten so genannte Risikoschüler unterrichten, wird von der Öffentlichkeit nur dann wahrge-

---

[4] Bemerkungen des damaligen niedersächsischen Ministerpräsidenten Gerhard Schröder über die Lehrer in einer Schülerzeitung. URL: http://www.zeit.de/1995/26/Faule_Saecke_, Abruf am 20. Februar 2011.

nommen, wenn Statistiken über das Burn-Out-Syndrom bei Lehrkräften berichten oder sich – wie 2006 – eine Berliner Schule, die dadurch berühmt gewordene Rütli-Schule, in einer dramatischen Aktion Hilfe vom Staat erbittet[5].

Was bedeuten aber Respekt, Bescheidenheit, Pflicht und Anstrengung für die Lehrer selber?

Respekt: In der modernen Lehrerausbildung spielt dieses Wort keine Rolle. Hier wird von Kompetenzen, Diagnosefähigkeit, Gruppenarbeit, Teamgeist, Evaluation, Motivation, Eigenverantwortlichkeit u. a. m. geredet. Respekt heißt, Kinder als Kinder anzunehmen, vielmehr noch, sie wirklich zu lieben. Liebe meint hier, mit entgegengebrachtem Vertrauen, Anhänglichkeit, Schwärmerei, aber auch mit Ignoranz, Dummheit, Schwäche, Trotz u. a. geschickt umzugehen, sie in Lernfähigkeit und Begeisterung umzuformen, und das ein Berufsleben lang, ohne eitel und überheblich zu werden, sich an kleinen Erfolgen zu erfreuen und jedes Schuljahr wieder von vorne zu beginnen.

Bescheidenheit: Die Attribute vergleichbarer Berufe wie Dienstreisen, Beförderungen, Jubiläen fallen im Lehrerberuf recht bescheiden aus. Nach 25 Dienstjahren bekommt er einen freien Tag. Klassenfahrten bezahlen Lehrer aus eigener Tasche, bei Schüleraustausch bringen sie die begleitenden Kollegen selbstverständlich bei sich zu Hause unter, Kernlehrpläne und andere Unterrichtsmaterialien müssen sie selber kaufen. Das Lächeln eines Schülers, der gerade ein Problem aufatmend gelöst hat, entschädigt für so manches.

---

[5] Siehe u. a.: Loy, T.: Rütli-Schule: Wie neu erfunden. Tagesspiegel vom 30.3.2010. URL: http://www.tagesspiegel.de/berlin/schule/ruetli-schule-wie-neu-erfunden/1765336.html, Abruf am 1. März 2011

Pflicht: Es reicht nicht aus, seinen Unterricht gut vor- und nachzubereiten, Korrekturen pünktlich zu erledigen, an Konferenzen und Fortbildungen teilzunehmen, mit Schülern Ausflüge und Klassenfahrten zu unternehmen – das sind die berufsbedingten Normalitäten des Lehreralltags. Gerade bei Kindern mit schwierigen familiären Hintergründen lässt der Lehrer seinen Griffel nicht nach Dienstschluss fallen, sondern engagiert sich für den einzelnen Schüler weit darüber hinaus – ein Grund dafür, warum viele Lehrer scheitern. Dabei denke ich an den Film ‚Guten Morgen, Herr Grothe', der sehr realistisch das Engagement und Scheitern eines Lehrers an einer Brennpunktschule zeigt[6].

Anstrengung: Schule – Studium – Schule – diese Kombination reicht nicht für ein befriedigendes Lehrerdasein aus. Einmal Gelerntes muss den ständig verändernden Wissensgrundlagen angepasst werden, wenn man nicht über kurz oder lang vor seiner Klasse scheitern will. Natürlich gilt das für den Gymnasialunterricht, und hier besonders für die Oberstufe, mehr als für die Grundschule. Aber auch hier mussten sich die Grundschullehrer den neuen Anforderungen stellen und plötzlich lernen, Englisch zu unterrichten. Über den Sinn dieser politischen Neuerung werde ich noch später etwas sagen. Ganz abgesehen davon, dass in der Pädagogik wie in der Waschmittelindustrie fast wöchentlich neue, sprich bessere Methoden, also weißere Wäsche, propagiert werden, kommt der Lehrer um eine Auseinandersetzung mit den sich ständig wechselnden Anforderungen nicht herum.

So schwankt das Lehrerbild in der Öffentlichkeit zwischen tatsächlichem Bedarf an Lehrerstellen und einer eher nega-

---

[6] Guten Morgen, Herr Grothe. Fernsehfilm Deutschland 2007. Erstausstrahlung ARD 2. Mai 2007. Informationen online: URL: http://www.kino.de/kinofilm/guten-morgen-herr-grothe/100497.html, Abruf am 20. Februar 2011.

tiven Betrachtungsweise hin und her, wie die FAZ-Schlagzeile ‚Sie haben es nur zum Lehrer gebracht?' zeigt[7].

Wie tief die Wertschätzung des Lehrers in Deutschland auch oder gerade in den Augen von Schülern gesunken ist, ließ sich beim so genannten Bildungsstreik vom 17. Juni 2009 erkennen: Mit Begeisterung trugen Schüler einer 7. Gymnasialklasse in Köln das Plakat vor sich her, auf dem in ungelenken Buchstaben der Spruch ‚Dumm, dümmer, Lehrer' stand.

Selbst von oberster richterlicher Instanz kann der Lehrer in der Öffentlichkeit keine Rückendeckung erwarten. Die Verfassungsbeschwerde einer Lehrerin gegen ihre öffentliche Bewertung bzw. Benotung durch anonyme Schüler im Internet unter spickmich.de wurde vom Bundesverfassungsgericht ohne Begründung nicht zur Entscheidung angenommen. Nach dem vorangegangenen Urteil des Bundesgerichtshofes darf eine anonyme Lehrerbewertung im Internet stattfinden[8]. Damit untergräbt der Gesetzgeber massiv die Autorität des Lehrberufs und huldigt einer vermeintlichen Meinungsfreiheit, die aber nicht in Freiheit erwachsen ist, sondern aus dem Dunstkreis der Anonymität stammt. Ganz abgesehen davon werden hier pädagogische Ziele torpediert, nämlich im offenen Gespräch zwischen Lehrern und Schülern eine Atmosphäre der fairen Kritik zu schaffen, die von gegenseitigem Respekt getragen wird.

Auch die Werbung bedient sich immer wieder der öffentlichen Lehrerschelte. So wirbt die WWK-Versicherung mit einem Werbespot, der eine ältliche, eher unsympathische Lehrerin zeigt, die im Chemieunterricht durch einen Schü-

---

[7] Frasch, T.: Sie haben es nur zum Lehrer gebracht? In: Frankfurter Allgemeine Zeitung. Nr. 169 vom 24.7.2009, S. 10.
[8] Bundesverfassungsgericht lässt spickmich-Lehrerbeurteilung zu. In: Profil: Das Magazin für Gymnasium und Gesellschaft. 10/2010, S. 32.

lerstreich ein explosives Gemisch ins Gesicht bekommt. Der Erschrockenen begegnet eine solidarische Klasse, die den Schuldigen verschweigt[9].

Die Politik wird sich Gedanken machen müssen, wie sie in Zukunft die Attraktivität des Lehrerberufs erhöhen will. In einer Zeit, in der Geld und Anerkennung vergöttert werden, werden junge Menschen nach einem Studium lieber in die Industrie oder in die Wirtschaft abwandern, zumal dort entweder das Geld oder die gesellschaftliche Anerkennung, bestenfalls beides, winken.

---

[9] URL: http://www.wwk.de/Inhalte/Unternehmen/Werbespot/index.jsp, Abruf am 20. Februar 2011.

55

Vom Kindsein in Deutschland

„Bleiben Sie dran, schon wegen der zauberhaften ersten Bilder des folgenden Beitrages", lächelte der ZDF-Nachrichtensprecher in die Kamera. Und er hatte recht: Säuglinge tauchten mit ihren jungen Müttern unter Wasser, die Augen aufgerissen, neugierig, pausbackig, sich anschließend beim Auftauchen strahlend an die Mutter kuschelnd.

Schnitt. Ein zehnjähriges, blondes Mädchen eilt mit dem Roller zur Schule. Dort erwartet es ein Test und der Zuschauer erfährt, dass der Notendruck bereits Viertklässler belastet. Die Freundin hat es aufs Gymnasium geschafft, das Mädchen selbst wird auf die Hauptschule gehen, obwohl es nach Aussagen der Mutter gute Noten (Zweien und Dreien) nach Hause gebracht habe, und das trotz häufigen Fehlens wegen Krankheit. Das Mädchen antwortet klar und selbstbewusst in die Kamera, macht einen gesunden und fröhlichen Eindruck; man erfährt, dass es ein Scheidungskind ist, die Mutter alleinerziehend, den Vater trifft es nur am Wochenende.

Schnitt. Die Kamera zeigt ein weiteres Kinderschicksal 2009. Eine 17-Jährige fällt heulend in die Arme ihrer Eltern, da sie eine Prüfung nicht bestanden hat. Plattenbauten im Hintergrund, beide Eltern Hartz IV-Empfänger, mittags isst das Mädchen in der Arche, einer gemeinnützigen Einrichtung, bei der auch ihre Mutter mithilft. Auf Nachfrage erklärt die 17-Jährige, dass sie wohl zu wenig gelernt habe, dann sei noch der Prüfungsstress dazugekommen, da habe sie eben versagt. Trost verschafft ihr u. a. ein eigenes Zimmer, klein, mit Nippes und Plüschtieren vollgestopft, eigener Fernseher. Hier träumt sie tanzend von Bollywood. Hartz IV möchte sie selbst nicht erleben.

Schnitt. In einem großstädtischen Brennpunkt mit Wohnsilos werden Jugendliche gezeigt, alles Kinder mit so genanntem Migrationshintergrund, die rudimentär und mit Akzent Deutsch sprechen und nachmittags in einem Jugendclub Rap-Songs einüben. Ein Junge meint offen, sie seien selber schuld an ihrer Situation, sie hätten eben nicht genug gearbeitet, die Lehrer hätten sich anfänglich bemüht, aber dann resigniert aufgegeben. Alle erzählen von häuslichen Problemen. Die Freizeit besteht aus Herumlungern, Warten, Langeweile.

Schnitt. Eine gut aussehende Düsseldorfer Mutter, schlank, modisch, kauft in einer Edelboutique Kleider (die Filmregisseurin spricht von ‚Klamotten') für ihren Nachwuchs ein; die Mutter legt großen Wert auf ein gepflegtes Äußeres, was sie mehrmals betont. Dabei bewegen sich die Kinder beim Anprobieren der Kleider vor den Spiegeln und den beflissenen Verkäuferinnen sehr natürlich und sympathisch. Das fröhliche Lachen der Kinder geht in die nächste Szene ein, die ein Internat auf Spiekeroog zeigt. 2.000 Euro pro Monat zahlen die Eltern für die Schulausbildung ihrer Kinder dort. Hier hätten sich die Noten schlagartig verbessert, versichert eine Schülerin, man werde nicht mehr gemobbt, die Lehrer würden niemanden fertigmachen. Der Zuschauer sieht Jungen, die mit dem Wind segeln, von Zukunftsplänen erzählen, dass sie eines Tages das elterliche Unternehmen übernehmen wollen. Im Wattenmeer werden Muscheln gesucht, immer scheint die Sonne – eine heile Welt.

Schnitt. In einer psychosomatischen Klinik leben 6-Jährige bereits schon seit Monaten und werden in hellen Räumen von freundlichem Personal betreut. Nach den Gründen ihres Hierseins befragt, erfährt man von Schulproblemen, Überforderungen, dauernden Bauchschmerzen, Unruhe, Aggressionen. Die Mutter eines Patienten erklärt, dass sie hier gelernt

57

habe, sich selbst zu ändern, um dem kranken Kind zu helfen.

Zwischen den einzelnen Szenen kommen verschiedene Experten zu Wort. Grundtenor: Nur in Deutschland hänge die Bildung so stark von der sozialen Herkunft ab, das dreigliedrige Schulsystem mit seiner frühen Selektion schreibe Bildungswege schon vor, OECD und PISA hätten fatale Defizite ans Tageslicht gebracht. Die Politik hinke hinterher, 40.000 Lehrer fehlten allein in diesem Schuljahr.

Schnitt. Junge Eltern in Deutschland im Jahr 2009 würden viel Wert auf frühe Förderung legen – man blickt in eine Kinderkrippe, wo jede Betreuerin ein Baby auf dem Arm hält und ihm vorsingt und dabei mit passenden Bewegungen den Text untermalt. Überall liegen bunte Matten aus, pädagogisches Spielzeug ist reichlich vorhanden; die älteren Kinder können passabel ausdrücken, was ihnen gefällt und was nicht. In einem anderen, bilingualen Kindergarten erklärt die Betreuerin den Kindern auf Englisch ein Bilderbuch, allerdings ist sich der Zuschauer nicht sicher, ob das Englisch auch wirklich korrekt ist oder in einem Schnellkurs aufgebessert wurde.

Schnitt. Der Film endet wie der Anfang begann, mit einem hübschen Bild, diesmal des Mädchens von der ersten Szene, das jetzt mit einem bunten Tuch auf einer grünen Wiese spielt und, nach seinen Wünschen gefragt, antwortet: „Ich wünsche mir meine tote Katze wieder, die war immer da, wenn ich nach Hause kam, sie kuschelte sich abends im Bett an mich"[1].

Was ist das für ein Kindsein in Deutschland? Geht es den Kindern wirklich schlecht? Hungern sie? Sind sie vernachlässigt? Germany's next generation – kein Top-Model à la Heidi

---

[1] Vom Kindsein in Deutschland: ZDF-Filmbericht vom 24.7.2009.

Klum mehr, sondern eine Generation, die nach Kuschelwärme schreit?

Bei aller Zwiespältigkeit, die die filmischen Eindrücke hinterließen, bleibt für mich die mehr oder weniger ausgesprochene Kritik am jetzigen Schulsystem haften, das eben nicht jedem die gleiche Chance bietet. Stimmt das?

Es ist richtig, dass die soziale Herkunft in vielen Fällen entscheidend für den Bildungsweg ist. Wer zu Hause kein elterliches Vorbild hat, das liest, interessiert ist, Fragen stellt, so genannte Sekundärwerte wie Pünktlichkeit, Ordnung, Treue, Verlässlichkeit und anderes mehr vorlebt, hat es schwer, im genormten Schulsystem gute Leistungen zu erbringen. Das gilt allerdings auch für alle OECD-Länder, die ein Einheitsschulsystem haben, das seinen Absolventen fast immer einen Abschluss garantiert. Die soziale Herkunft spielt dort im Hinblick auf den erreichten Abschluss tatsächlich keine Rolle, sie hat vorher bereits eine entscheidende Rolle gespielt: Wer es sich in England, den USA oder Frankreich leisten kann, schickt seine Kinder auf Privatschulen, da die staatlichen Einheitsschulen (Ausnahmen bestätigen die Regel) ein so niedriges Bildungsniveau bieten, dass zwar jeder einen Abschluss erreicht, dieser aber nicht qualifiziert ist.

Der alleinige Blick auf die Absolventenquote eines Schulabschlusses sagt deshalb überhaupt nichts über die jeweilige Qualität aus. Hier verlassen uns nämlich die Statistiker, wenn sie einzelne Länder und deren Abschlüsse miteinander vergleichen. Wie viele Schüler mit einem so genannten Highschool-Abschluss schaffen eine Lehre oder ein späteres Studium, wie viele brechen ab und reihen sich in das Heer der Ungelernten und Arbeitslosen ein? Wie sieht die soziale Herkunft dieser gescheiterten jungen Menschen aus? Das zu untersuchen wäre eine lohnenswerte Aufgabe für alle OECD-

und PISA-Interpreten, bevor sie das Heil in Einheitsschulsystemen suchen.

Die Schlüsse, die deutsche Politiker in den vergangenen Jahren aus den internationalen Schulvergleichen gezogen haben, sind zu kurz gegriffen, da sie herkunftsbedingte Chancendefizite durch eine Leistungsnivellierung der Schulsysteme auszugleichen versuchen. Dass herkunftsbedingte Chancendefizite aber nicht zwangsläufig gescheiterte Lebenswege implizieren, ebenso wenig wie wohlsituierte Elternhäuser einen erfolgreichen Lebensweg vorprogrammieren, dafür ließen sich zahlreiche Beispiele anführen.

Soll Deutschland jetzt alle seine Kinder auf Luxusinternate, wie im Film gezeigt, schicken? Das wäre unbezahlbar und gleichzeitig auch größenwahnsinnig, wobei der Erfolg trotzdem offenbliebe. Die staatliche Schulausbildung kann nur gute Rahmenbedingungen schaffen, die sich am Leistungsprinzip orientieren, nicht an vermeintlicher sozialer Gerechtigkeit.

SCHÜLERBILD - ZWISCHEN ANSPRUCH UND WIRKLICHKEIT

In vielen Ländern Europas sind Schüler an ihrer Uniform erkennbar. Aber auch in Deutschland ist es unschwer, in einer Straßenbahn Schüler ausfindig zu machen, selbst wenn sie nicht mit Tasche oder Rucksack vollbepackt sind.

Der durchschnittliche Schüler – mit und ohne Migrationshintergrund – trägt in der Regel Jeans, auch die Mädchen. Je nach Modetrend hängen die Hosen im Schritt fast bis zum Knie, sind eventuell ausgefranst oder durchlöchert, unter der Jacke schaut ein Hemd oder Pulli hervor, im Sommer eröffnen sich bei den Mädchen tiefe Einblicke ins Dekolleté, die Hosen rutschen manchmal bis zur Schamgrenze hinunter und der Bauch ist knapp bedeckt. In der Pubertät werden die Haare entweder aufwändig gestylt oder einem kreativen Wildwuchs überlassen. Selbst im Sommer tragen Jungen gerne Strickmützen, Schirmkappen sowieso, mit der Schirmklappe nach hinten.

Abgesehen von diesen modischen Trends ist vielen heutigen Schülern die elektronische Ausrüstung gemein: Jeder hat sein Handy griffbereit und der iPod mit seinen Ohrstöpseln hängt um den Hals. Spricht man einen solchen Jugendlichen an, reagiert er meistens nicht, da er gerade seinen Lieblingshit hört. Manchmal hilft nur ein vorsichtiges, körperliches Anfassen, um bemerkt und gehört zu werden. In den Pausen laufen die Kinder paarweise eng auf den Schulhöfen herum, weil sie über die Kopfhörer im wahrsten Sinne des Wortes miteinander vernetzt sind. Kommt der Lehrer in die Klasse, muss erst der Kopfhörer entfernt werden, kaum hat es geklingelt, stöpselt man sich wieder zu.

61

Neben der elektronischen Ausstattung ist die immer griffbereite Wasserflasche ein weiteres Kennzeichen eines modernen Schülers. Sie ist häufig mit Saft oder stärkenden Energiedrinks gefüllt und wird in allen schulischen Lebenslagen benutzt. Trinken ist gesund und wichtig, da sind Argumente, bis zur Pause zu warten, gesundheitsgefährdend ... Darüber hinaus stärkt sich der Schüler durch das deutliche Kauen von Kaugummis, schließlich hat eine Forschergruppe angeblich herausgefunden, dass man dadurch konzentrierter arbeitet.

„Das ist eben unsere heutige Zeit, die Kinder müssen selbst wissen, was ihnen gut tut, man kann sie doch nicht in solchen Angelegenheiten gängeln, das gehört zur selbstständigen Erziehung" – Wer wird denn hier gleich die Flöhe husten hören?!

Tatsächlich ist das Äußere eines Schülers (Warum sollte es bei Erwachsenen anders sein?) auch ein Spiegel seiner inneren Verfassung, sieht man einmal von den eben geschilderten Modetrends ab.

Wenn sich plötzlich die Haare außerhalb der Karnevalszeit bunt verfärben oder sich afrikanisch dauerhaft verfilzen, man sich – ohne Trauer zu tragen – in tiefes Schwarz hüllt oder provozierende T-Shirts mit Aufschriften ‚Schule gefährdet die Gesundheit' oder ‚hate – kill – destroy' getragen werden und Totenköpfe auf allen Kleidungsstücken prangen, so ist dies in manchen Fällen als Hilferuf aufzufassen. Wie sagte doch Schulministerin a. D. SOMMER in SCHULZEIT, dem Magazin für Eltern in NRW, im Herbst 2008 so hilfreich: „Als Mutter von fünf Kindern weiß ich nur allzu gut: Jedes Kind ist anders, jedes Kind hat unterschiedlich ausgeprägte Talente. Und: Kein Kind darf verloren gehen"[1].

---

[1] Schulzeit: Das Magazin für Eltern in NRW. Herbst 2008, S. 3.

Im o. g. Beispiel ist das Kind manchmal schon verloren gegangen.

Der heutige Schüler hebt sich also rein äußerlich vom Schüler der fünfziger, sechziger Jahre des vorigen Jahrhunderts ab. Modetrends, auch ausgefallene, werden begeistert umgesetzt, dem Lehrer sitzt eine bunte Schülerschar gegenüber, die in ihrer modischen Vielfalt paradoxerweise ein typisch einheitliches Bild abgibt. Parallel zu dieser äußeren Veränderung hat eine innere Veränderung stattgefunden, die an ausgewählten, aber typischen Beispielen aufgezeigt werden soll. Dabei geht es um folgende Verhaltensweisen: Verspätungen, mangelnde Anstrengungsbereitschaft, Anspruchshaltung, fehlende Hausaufgaben, Unbeherrschtheit, Ich-Bezogenheit.

Natürlich treffen diese Veränderungen nicht auf alle Schüler zu, *den* Schüler schlechthin gibt es nicht. Um aber ein lebendiges Schülerbild zu zeigen, muss ich hier generalisieren. Nur so ist der von vielen Pädagogen festgestellte Wandel in der Einstellung der Schüler zur Schule allgemein zu erkennen.

„Der Bus ist falsch abgefahren". Da stand sie vor mir, 15 Jahre jung, mit den Füßen hin und her rutschend, blond, Strähnen im Gesicht, sorgfältig die pubertären Pickel überschminkt (Wie lange sie wohl dafür gebraucht hat? Hat sie ein eigenes Bad oder muss sie es mit anderen Familienmitgliedern teilen? Das würde ja morgens eine gewisse Angespanntheit erklären. Hat sie überhaupt gefrühstückt? Das eifrige Kaugummikauen scheint eher Hungergefühle zu unterdrücken.). Ich merke, wie in mir langsam Ärger aufsteigt. Hatte ich nicht schon tausend Ausreden für Verspätungen bekommen? Vom kranken Kaninchen, morgendlichen Stau, Fahrradpanne, Weckerproblematik, kranker Großmutter bis zum ehrlichen ‚Verschlafen' – eine beachtliche Variationsbreite an Möglichkeiten. Allen gemeinsam ähnelt das Vor-

bringen des Entschuldigungsgrundes. Man geht nicht zum Lehrer hin und grüßt zuerst (ein vorheriges Klopfen an der Tür hat geradezu Seltenheitswert), bevor man den Grund seiner Verspätung erläutert, nein, man versucht, ungesehen auf den Platz zu huschen. Gelingt das nicht, ist man verärgert und lässt sich nur mit Mühe ein ‚Entschuldigung‘ hervorlocken. Schlechtes Gewissen? Ein bisschen Scham? Nein danke! Kommt man zum Schulgottesdienst zu spät, setzt man sich meist nicht diskret in die hinterste Reihe, nein, man schaut lebhaft nach Mitschülern aus und zwängt sich – vorzugsweise mitten im Gebet – durch die Reihen, drängt andere zur Seite und setzt sich mit dem sicheren Gefühl, einen Platz erobert zu haben, neben seinen ausgespähten Mitschüler.

Habe ich geträumt? „Kind, was sagtest du eben?" „Der Bus ist falsch abgefahren". Schon tönt es aus allen Ecken, vor allem von der Fahrradfront, dass das stimme und schon mehrmals passiert sei. Nun gut, ich verweise das fehlgeleitete Kind auf seinen Platz und schwanke eine Sekunde zwischen Ärger und Belustigung: Letzteres siegt, geht es doch heute um Größeres in meinem Unterricht: Sieg der Freiheit, Kampf gegen die Unterdrücker, schlicht und einfach um WILHELM TELL. Warum tötet er GESSLER? Darf er das? Tyrannenmord – ist das auch heute noch aktuell? Was hatte ich mir alles ausgedacht!

Ein Blick in die Klassenbücher der vergangenen dreißig Jahre aller Schultypen zeigt tatsächlich, dass Verspätungen zugenommen haben. Das hat sicher mit mangelndem Respekt vor dem anderen zu tun, mit fehlender Rücksichtnahme. Das alte Sprichwort ‚Pünktlichkeit ist die Höflichkeit der Könige‘ gerät zunehmend in Vergessenheit.

‚Abitur für alle‘ – so nennt die FAZ einen Bericht über PHILIPP SCHULLER, der sich für mehr Investitionen in Bildung einsetzt und den Verein ‚DEUTSCHLAND DENKEN E. V.‘ gegründet hat. Geht es nach SCHULLER und seinen Mitgründern dieser ‚Denkfabrik‘, sollte jeder 12 Jahre lang eine Schule besuchen und jeder zweite einen Studienabschluss haben. Bei solch hehren Plänen beschleicht einen das ungute Gefühl, dass diese Menschen auf einem anderen Planeten leben[2]. Wer einmal quer durch alle Schulformen hindurch Schüler ganz allgemein beobachtet, wird feststellen, dass immer nur ein kleiner Teil der jeweiligen Gruppe bereit ist, sich anzustrengen. Lernen und Denken sind unbequem, manchmal sogar schmerzhaft, warum sollten sich Schüler da anders verhalten als Erwachsene? Schließlich leben wir in einer Werbe-Welt, die alles verspricht, und zwar ohne Anstrengung. Das reicht vom ‚Abnehmen leicht gemacht‘ bis zum ‚Sprachenlernen im Schlaf‘. Die zahlreichen ‚Soap-Operas‘ in den nachmittäglichen Fernsehprogrammen spiegeln unseren Jugendlichen ein Dasein ohne Anstrengung vor, wenn dort überhaupt einmal gearbeitet wird, dann nur als Aushilfe in einer Bar oder einem Café – sonst lebt man in großzügigen Wohnungen, plant Ferien, fährt schicke Autos, dirigiert Geschäfte vom Handy aus und ist im Dauer-Beziehungsstress. Wie PHILIPP SCHULLER seine Ziele erreichen will, bleibt sein Geheimnis.

Wie schwer es Lehrer inzwischen haben, die Anstrengung fordern, zeigt sich immer wieder in den Sprechstunden für Eltern. Dort häufen sich die Klagen, das vermittelte Wissen sei zu schwer, auch unangemessen in der modernen Welt, so z. B. wenn der Geschichtslehrer nach einigen Daten fragt, die das Kind eben nicht gelernt hat .... So kommt der Lehrer in eine Verteidigungsposition, er muss die Inhalte seines Faches erklären und stößt dabei auf wenig Gegenliebe. Noten werden angefochten, Lehrer werden mitunter von ihren Schulleitern gedrängt, keine mangelhaften Noten zu verge-

---

[2] Giersberg, G.: Abitur für alle. In: Frankfurter Allgemeine Zeitung.
  Nr. 21 vom 26.1.2009, S. 16.

ben, das würde die Schüler demotivieren – die leistungshemmende Abwärtsspirale setzt sich in Bewegung. Aufgewachsen mit dem Lebensgefühl, dass alles Spaß machen muss, wird bei vielen Schülern Anstrengung als Belastung erlebt und die Frustrationsschwelle sinkt immer tiefer. Dass gerade ein schulischer Erfolg nach tüchtiger Anstrengung ein lang anhaltendes Glücksgefühl vermitteln kann, wird dadurch vielen Kindern verwehrt.

Parallel zur mangelnden Anstrengungsbereitschaft steigen die eigenen Ansprüche. ‚Mein Sohn will auf dem Gymnasium bleiben' – diese Forderung wird mit Nachdruck vorgetragen und der Einwand, dass dafür auch Leistung zu erbringen sei, wird entweder weggewischt oder in Vorwürfe umgemünzt, dass Lehrer und Schule eben nicht fähig seien, das Kind richtig zu motivieren und zu fördern. Inzwischen kommen schon Eltern mit dem Schulgesetz in der Hand in die Sprechstunde, die Seiten über ‚individuelle Förderung' bereits bunt markiert: ‚Sie haben mein Kind entsprechend zu fördern, dass es auf dem Gymnasium bleiben kann.'

Die fehlende Bringschuld auf Seiten der Schüler ist auch am Thema ‚Hausaufgaben' erkennbar. Haben Schüler sich früher noch geschämt, wenn sie ihre Hausaufgaben nicht vorweisen konnten, so wird das heute häufig mit einem triumphierenden Blick in die Runde verkündet. Die Ausreden kann sich der Schüler aus dem Internet besorgen, falls ihm dazu die Fantasie fehlt. Sie reichen von ‚Ich dachte, die Aufgaben sollten nur mündlich bearbeitet werden' oder ‚Ich habe ein neues Heft angefangen, und meine Hausaufgaben stehen in meinem alten Heft, das ich leider weggeworfen habe' über ‚Mein Vater hat aus Versehen mein Heft eingesteckt und ist nun für drei Tage auf Geschäftsreise' oder ‚Ich habe die Hausaufgabe am Computer gemacht, aber die Patrone meines Druckers war leer, so konnte ich sie leider nicht ausdrucken' bis hin zu

‚Ich war gestern beim Geburtstag meiner Oma, habe da die Hausaufgaben gemacht und dann dort die Sachen vergessen. Das Problem dabei: Meine Oma wohnt 150 km weit weg'[3].

Auch wenn sich die ehemalige NRW-Schulministerin BARBARA SOMMER eine Schule ohne Hausaufgaben vorstellen kann, so gelten diese immer noch in der Allgemeinen Schulordnung (ASchO) als Pflicht eines Schülers (§ 42) und werden detailliert in der BASS (12-31, Nr. 1-6) geregelt[4]. Die Regelung ist so großzügig bemessen (z. B. nicht mehr als zwei Stunden pro Schultag für die Klassen 7-10 und am Wochenende hausaufgabenfrei, wenn am Freitag eine 7. Stunde Unterricht stattfindet), dass die allgemeine Aufregung über Hausaufgaben, die gerade mit der Einführung des G 8 noch zugenommen hat, von der Sache her unangemessen ist. Sie muss andere Gründe haben, die z. B. in der häuslichen Planung des Tagesablaufes liegen oder in der Ausweitung des Freizeitverhaltens.

Glaubt man neueren Studien, so beschäftigen sich Jugendliche in Deutschland etwa 5,5 Stunden am Tag mit digitalen Medien, in den USA sollen es inzwischen 7,5 Stunden am Tag sein. Hier möchte ich auf die Studien von Prof. Dr. Dr. MANFRED SPITZER verweisen, der den Einfluss digitaler Medien auf das Lern- und Konzentrationsverhalten untersucht. Seine Studien an der Universität Ulm haben ergeben, dass ein Leben ‚online' nicht nur das Lernen und die Konzentration behindert, sondern auch das soziale Verhalten beeinflusst. Zur Dummheit geselle sich eine merkwürdige Dumpfheit[5]. Wenn

---

[3] Schulzeit: Das Magazin für Eltern in NRW. Winter 2009/2010, S. 10.
[4] Allgemeine Schulordnung NRW vom 17.12.2009, § 42, Abs. 3 sowie Bereinigte Amtliche Sammlung der Schulvorschriften NRW (BASS) 2010, 12-31, Nr. 1-6.
[5] Spitzer, M.: Im Netz. In: Frankfurter Allgemeine Zeitung. Nr. 220 vom 22.9.2010, S. 8.

der durchschnittliche Schüler also mehr als fünf Stunden am Tag vor digitalen Medien sitzt, der Tag aber nach wie vor 24 Stunden hat, bleibt immer weniger Zeit für schulische Pflichten, sprich Hausaufgaben. Diesem Dilemma versuchen manche Schulen abzuhelfen, indem sie die Hausaufgaben offiziell abgeschafft haben, so z. B. die GUSTAV-ADOLF-HAUPTSCHULE in Goch. Als Ganztagsschule von 8 bis 16 Uhr hat sie die Hausaufgaben in den Unterricht verlegt. Die Unterrichtsstunde dauert dort 60 Minuten inklusive Hausaufgaben, die allerdings nicht mehr kontrolliert werden, um Zeit zu sparen. Schaut man dieses Modell etwas genauer an, so erkennt man, dass bei einer Stunde Mittagspause und einer Stunde Entspannung für den Unterricht nur 5-6 Stunden bleiben, in denen die letzte Viertelstunde fürs Üben, sprich für Hausaufgaben verwendet werden. Die Kinder stürmen also ‚befreit‘ um 16 Uhr nach Hause. Trotzdem darf ein Zweifel an der Qualität des Lernens erlaubt sein. Wurden vorher allerdings kaum Hausaufgaben gemacht, weil die häusliche Struktur aus unterschiedlichen Gründen dies nicht gefördert hat, ist diese ‚Lösung‘ sicher eine Verbesserung, bleibt aber eine Mogelpackung[6].

Das fehlende Pflichtgefühl auf Schülerseite wird von einem zunehmenden Gefühl für die eigenen Rechte ersetzt: „Sie dürfen für eine ausgefallene Stunde keine Hausaufgaben geben!" Triumphierend schwenkt der 12-Jährige eine entsprechende Rechtsvorschrift in die Höhe. Neugierig, lauernd, abwartend, manche auch von dem vermeintlichen Mut des Mitschülers verstummt, warten die Schüler auf die Reaktion des Lehrers. Dieser ist selbst erstaunt über die Kultusbürokratie, die so etwas verfasst hat. Was war geschehen? Ein Französischlehrer musste seine Französischstunde ausfallen lassen, da er für seinen Geschichtsunterricht eine Zeitzeugin

---

[6] Schulzeit: Das Magazin für Eltern in NRW. Winter 2009/2010, S. 15.

eingeladen hatte, die an diesem Tag mehreren Schülern ihre Erlebnisse zur Zeit der Nationalsozialisten erzählen sollte. Da aber in NRW kein Unterricht mehr ausfallen darf, wurde eine Biologielehrerin als Vertretung in die Klasse beordert, um die Kinder zu unterrichten. Obwohl der Französischlehrer für die Kinder Aufgaben vorbereitet hatte, entschied die Biologielehrerin, diese unverhoffte Stunde ihrem Unterricht zugutekommen zu lassen und gab den Kindern keine Hausaufgaben in Biologie auf, sondern einen Teil der vorgesehenen Aufgaben im Fach Französisch.

Offensichtlich kennen sich Schüler sehr gut in ihren Rechten aus, bei den Pflichten hapert es jedoch.

„Zeig mir doch bitte dein Heft". Diese Aufforderung wird häufig mit einem „Gleich" kommentiert. In der Zwischenzeit wühlt der Schüler in seiner Tasche, redet noch mit seinem Tischnachbarn, trödelt langsam nach vorn, lässt vielleicht sein Mäppchen fallen – Gelächter, Tumult. Bis das besagte Heft vor den Augen des Lehrers erscheint, ist eine Weile vergangen.

Viele Schüler ‚gehorchen' immer weniger – anders ausgedrückt, sie benehmen sich ‚individueller'. Hat man Durst, trinkt man sofort, aus der Flasche, versteht sich, auch wenn die Pause eben vorbei ist oder man sich gerade begrüßt. Türen werden selten aufgehalten, da man offensichtlich nicht mehr gelernt hat, sich nach einem vermeintlichen Hintermann umzusehen. Elegant schlüpft man eben noch durch. Aus Verlegenheit oder mangelnder Erziehung wird kaum mehr im Flur gegrüßt, selten gedankt. Dafür beherrschen häufig lautstark Kraftworte das Gespräch, mitunter wird aus Wut über schlechte Noten der betreffende Test zerknüllt oder auch dem Lehrer an den Kopf geworfen. Dazwischen gibt es viele Abstufungen von kindlichem Trotz, beleidigter Miene, geballter Faust, Frechheiten, Drohungen. Sind Schüler heute unbeherrschter als früher?

Inzwischen gibt es ein großes Angebot an Literatur, das sich mit dem Thema Gewalt in Schulen beschäftigt. Besonders krasse Fälle beherrschen immer wieder die Schlagzeilen und vermitteln ein düsteres Bild vom Schulalltag, so z. B.: ‚Hilferufe bis zum Selbstmordversuch – Klinikchef Professor Lehmkuhl über die Zunahme an psychisch kranken jungen Menschen‘[7], ‚Deutschfeindlichkeit an den Berliner Schulen‘[8], ‚Das ist der 11-Jährige, der seine Lehrerin schlug‘[9], ‚Akzeptanz der Machokultur – Muslimische Jugendliche neigen stärker zur Gewalt‘[10], ‚Porno- und Gewaltvideos auch an Schulen allgegenwärtig‘[11]. Die Liste ließe sich um ein Vielfaches verlängern. Je nach Einzugsgebiet, Schultyp, sozialem Brennpunkt lässt sich durchaus eine beängstigende Zunahme an Gewalt jeglicher Art zwischen Schülern und von Schülern gegen Lehrer feststellen. Fast an allen Schulen werden heute Programme zum ‚Anti-Gewalt-Training‘ oder ‚Sozialtraining‘ angeboten; viele Schulen haben Beratungslehrer oder Psychologen, die Schüler bei Ausgrenzung, Mobbing, Drogen und Gewalt Hilfen anbieten. Im Schulministerium von NRW gibt es sogar einen Krisenberater, der über eine 24-Stunden-Notrufnummer erreichbar ist[12].

---

[7] Kracht, E.: Hilferufe bis zum Selbstmordversuch. In: Kölnische Rundschau. Nr. 61 vom 13.2.2010, S. 37.

[8] Schütz, K., Diepgen, E.: Deutschfeindlichkeit an den Berliner Schulen. In: Berliner Zeitung vom 9.10.2010, S. 9.

[9] Das ist der 11-Jährige, der seine Lehrerin schlug. In: Berliner Zeitung vom 9.10.2010, S. 9.

[10] Akzeptanz der Machokultur – Muslimische Jugendliche neigen stärker zur Gewalt. In: Frankfurter Allgemeine Zeitung. Nr. 128 vom 7.6.2010, S. 7.

[11] Porno- und Gewaltvideos auch an Schulen allgegenwärtig. In: Profil: Das Magazin für Gymnasium und Gesellschaft. Juli-August 2008, S. 30 f.

[12] Poelchau, H.-W.: Tatort Schule. In: Bildung aktuell. Mai 2009, S. 18.

Trotzdem möchte ich das negative Bild, das in der Öffentlichkeit von Schülern und Schule zum Teil gezeichnet wird, aus eigener Erfahrung relativieren. Heutige Schüler mögen tatsächlich weniger pflichtbewusst, anstrengungsbereit und vielleicht auch weniger beherrscht und bescheiden sein – ein Resultat elterlicher und gesellschaftlicher Erziehung – aber sie sind in der Regel offener, selbstständiger, kritischer, umweltbewusster und selbstbewusster, als das zu meiner Schulzeit vor 50 Jahren war. Das macht sie liebenswert, auch wenn das Selbstbewusstein in eine Ich-Bezogenheit münden kann, die nicht unproblematisch ist, wie das folgende Beispiel zeigt.

Abiturgottesdienst 2009 in NRW: Die Kirche war bis auf den letzten Platz besetzt. Eine verhaltene Unruhe hatte Besitz von der versammelten Gemeinde ergriffen: Eltern, Großeltern, Geschwisterkinder, Lehrer, Abiturienten, Bekannte und Freunde saßen eng gedrängt auf den Bänken und harrten der kommenden Dinge. Pünktlich ertönte eine Bachmelodie, gespielt von einer Schülerin der Jahrgangsstufe 12. Anschließend warf ein Beamer eine Straßenkarte Kölns an die Leinwand und eine leicht gequetschte Stimme imitierte ein Navigationsgerät, das die Richtung vorgab. Dazwischen wurden Babybilder eingeblendet und immer wieder erklärte die leicht gequetschte Stimme, wann ein erstes Etappenziel erreicht war. So erfuhr der geneigte Zuhörer, dass das erste Ziel erreicht war, als man laufen konnte und nach zwei Jahren sauber war. Entsprechend waren die Fotos ausgesucht worden: Der noch eben gezeigte Fratz auf dem Töpfchen mit angestrengter Miene stand nun aufrecht und bewegte sich nach vorn. Es folgten weitere Kinder- und Jugendbilder; launig erklärte die Stimme vom Band, welche Wege man bis zum Abitur gehen konnte, direkt über das Gymnasium, 2.000 Schulstunden, 29 Klausuren, 3 Vorabiturklausuren – gewaltig, die Aufzählung – indirekt über die Realschule, der Zuschauer blickte in gequälte Kindergesichter – endlich: die jetzige Jahrgangsstufe präsentierte sich auf dem Abschluss-bild – hübsch drapiert auf den Eingangsstufen zu ihrer Schule. Schnitt.

Zwei Schüler kamen nach vorn: M. begrüßte die Anwesenden: ‚Liebe Freunde, Bekannte und Verwandte, liebe Mitabiturientinnen und Mitabiturienten (hier war ein leichtes Stottern unüberhörbar), liebe Pfarrer, ich begrüße Euch/Sie und freue mich, dass so viele gekommen sind.‘ Es folgte ein kurzes Gebet, stockend und in den hinteren Reihen nicht verständlich. Bevor die mit vor dem Altar stehende Mitschülerin ihren Beitrag leisten konnte, stammelte M. etwas verlegen: ‚Im Namen des Vaters, des Sohnes und des Heiligen Geistes ...‘

Aha, ein Gottesdienst war das. Nun ergriff S. das Wort und gab genaue Anweisungen: Am Eingang hätten die Abiturienten und Abiturientinnen rote und grüne Papierfähnchen bekommen. Sie sollten nun auf die grünen Fähnchen mit dem Vermerk ‚Start‘ auf der Rückseite schreiben, was sie denn ab heute alles vermissen würden. Die Fähnchen sollten anschließend nach vorn in die aus Pappmaché und Sand aufgebaute Landschaft gesteckt werden. Mit den Worten ‚viel Spaß‘ verklang die Begrüßung und eine Prozession von Fähnchen tragenden Jugendlichen strömte nach vorn.

Fehlte bei der Begrüßung nicht eine Gruppe? Ja, da gab es doch noch Lehrer, die normalerweise zum Schulleben gehörten .... Hatte man sie in der Aufregung vergessen zu begrüßen? War das eine FREUDsche Fehlleistung, eventuell Absicht?

Es folgte ein Lied, ein erneut gestammeltes Gebet eines Mitschülers, wieder ein Lied, die Lesung aus dem Evangelium durch den Schuldirektor, anschließend die gespielte Aufregung des Schulpfarrers, wo denn der Gemeindepfarrer bleibe, der jetzt die Predigt halten sollte und just in dem Moment, ein Navigationsgerät in der Hand, seinen Talar im Arm, nach vorne stürmte. Der Gag war gelungen; unter launigen Bemerkungen zog er seinen Talar an und stieg auf die Kanzel. Es folgte eine kurze, tiefsinnige Predigt zum Thema ‚Ziel‘, deren Tenor so ganz anders war als die bisher geäußerten Bemerkungen. Wieder ein Lied und die Aufforderung von S. an ihre Mitschüler und auch an die anderen Anwesenden, die noch ein Fähnchen ‚abgekommen hätten‘, jetzt einen Wunsch auf das rote Ziel-Fähnchen zu schreiben und wiederum vorne die Kunstlandschaft zu schmücken. Anschließend wurden einige Wünsche vorgelesen: Glück, Familienleben, Reisen, Berufswünsche ... Wieder ein Lied und siehe da, der evangelische und der katholische Pfarrer traten nun vor die Gemeinde. Der katholische Pfarrer erlaubte sich noch drei kurze Bemerkungen an die Abiturienten, lobte deren Gestaltung des Gottesdienstes, worauf tosender Beifall erbrauste, bat die Gemeinde, aufzustehen, um gemeinsam das ‚Vaterunser‘ zu beten und dabei dem Nachbarn als Zeichen der Verbundenheit die Hand zu halten. Gerade noch rechtzeitig gelang es dem evangelischen Pfarrer, die Gemeinde daran zu hindern, sich zum Segen hinzusetzen. Es folgte ein Abschlusskanon auf Englisch, dann trat S. nochmals nach vorn, in eigener Sache: Sie wolle jetzt von sich berichten: ‚Also, ich gehe jetzt ein Jahr nach Costa Rica, ein soziales Jahr. Dort will ich mit meiner Organisation bei Straßenfesten helfen, die Menschen haben es dort schwer, auch in Nicaragua, und wir wollen den Frauen dort bei der Emanzipation helfen. Jeder, der dieses Projekt unterstützen möchte, kann das am Ausgang durch eine Spende machen. Einen Flyer habe ich auch dabei ...‘

Allgemeiner Aufbruch, diszipliniertes Drängeln zum Ausgang. Etwas irritiert begebe ich mich nach draußen. War das jetzt ein Gottesdienst oder ein freundliches Event durchaus gut gewillter junger Menschen? Im Gespräch mit anderen

Teilnehmern erfuhr ich, was ich bereits geahnt hatte: Man wollte um jeden Preis alles selber gestalten – offensichtlich.

Kein Wort des Dankes an Eltern, Lehrer, Pfarrer – dagegen selbstbewusste, strahlende Gesichter, Gefühle der Erleichterung und Erhabenheit. Natürlich, vom ersten Atemzug wurde jede noch so unbedeutende Äußerung oder Handlung lobend erwähnt und gefördert, die Bilder zu Beginn des Gottesdienstes haben das ja ausdrücklich dokumentiert. Trotz gelungener Erziehung zum Selbstbewusstsein hat mich dieser Gottesdienst traurig gestimmt. Wie werden diese Jugendlichen einmal mit den Herausforderungen der globalen Krise umgehen?

ELTERNBILD

Auf dem Flur leuchtete nur noch das Notlicht, die Geräusche in den Zimmern der Jugendlichen wurden hörbar leiser. Plötzlich öffnete sich eine Tür und zwei Mädchen im Pyjama schauten sich um, deuteten in meine Richtung, auf die Toilette zu müssen, und verschwanden hinter der besagten Tür. Nach zehn Minuten kamen weitere Mädchen, die ein dringendes Bedürfnis zu erledigen hatten. Dieses Ritual zog sich über eine Stunde hin, der Zeiger zeigte schon auf 1 Uhr morgens. Längst sehnte ich mich nach meinem Bett, war der letzte Tag unserer Berlin-Fahrt doch sehr anstrengend gewesen: Reichstag, Pergamon-Museum, Schiffchen-Fahrt und abends Friedrichstadtpalast, dann mit 30 Zehntklässlern zurück zur Jugendherberge, wo man natürlich um 23 Uhr noch nicht ins Bett wollte. Schließlich lagen Jungen und Mädchen in ihren Zimmern und mein Kollege und ich schoben Wache, da die Schüler alle auf einem Flur untergebracht waren. In der Mitte lag mein Zimmer, das des Kollegen praktischerweise ein Stockwerk tiefer. Die Jugendherberge stammte aus den fünfziger Jahren. Nachdem auch die Jungen ständig von einem Toilettenbedürfnis befallen waren, kehrte endlich Ruhe ein. Mein Kollege und ich beschlossen, der Aufsichtspflicht Genüge getan zu haben. Am nächsten Morgen stand die Rückfahrt nach Köln um 7:30 Uhr auf dem Programm. Trotzdem fiel mir das Einschlafen schwer. Plötzlich schreckte ich hoch, denn es klopfte energisch an meine Tür. Ich sprang aus dem Bett und öffnete: Das Erstaunen war auf beiden Seiten groß. Vor mir stand S. mit einer Flasche Bier. Er hatte sich offensichtlich in der Zimmertür vertan. Nun, die Dinge nahmen ihren Lauf. Ich begleitete den verdatterten Schüler zum gewünschten Zimmer, in dem es hoch herging. Mädchen und Jungen saßen auf den Betten, rauchten und tranken. Mein Erscheinen beendete die Abschlussparty abrupt und die

Schüler stoben in ihre zugewiesenen Zimmer zurück, nur einer fehlte: O. Auf Drohungen meinerseits kam er schließlich unter einem Bett hervorgekrochen und verkrümelte sich in seinen Raum.

Was sollte ich jetzt tun? Den armen Kollegen ein Stockwerk tiefer informieren? Die Party war vorbei, wir würden in wenigen Stunden zurückkreisen, konnten also die Jugendlichen, die sich nicht an unsere Abmachungen (keine Zimmerpartys, Rauch- und Alkoholverbot) gehalten hatten, auch nicht vorzeitig nach Hause schicken. Nächste Woche gab es Abschlusszeugnisse, welche Sanktionen waren in so einem Fall angebracht? Dies alles schoss mir durch den Kopf, die Uhr zeigte inzwischen 4 Uhr morgens. Wütend legte ich mich wieder in mein Bett, konnte keinen Schlaf mehr finden und sann auf schäbige Rache. Da hatte man sich eine Woche lang um die Schüler wirklich bemüht, ein abwechslungsreiches Programm geboten, kaum geschlafen, und jetzt das. Ich hörte schon die spöttischen Bemerkungen der Kollegen in der Schule: Na, war der Urlaub nicht schön? Wenn sich ein Kind bei dieser Party sinnlos betrunken hätte, was hätte ich mir da als Lehrer alles anhören müssen? Wahrscheinlich hätte ich eine Dienstaufsichtsbeschwerde wegen Verletzung der Aufsichtspflicht bekommen. Ich wartete noch bis 5 Uhr. Dann rief ich die Eltern der Kinder an, die gegen die vereinbarten Regeln verstoßen hatten. Wenn schon ihre Kinder aus jugendlichem Unverstand Abmachungen nicht einhielten, sollten doch die Eltern einmal merken, wie das ist, wenn man aus dem Schlaf gerissen wird. Ganz wohl war mir nicht dabei, aber der Ärger überwog. Der erste Vater, den ich informierte (natürlich hatte ich mir einen freundlich-beruhigenden Einleitungssatz zurechtgelegt), bedankte sich für die Information und versicherte, mit seinem Kind ernsthaft über den Regelverstoß zu sprechen. Die beiden anderen Väter, die verschlafen den Hörer abnahmen, beschimpften mich wüst, sie wegen einer solchen Lappalie aus dem Bett zu klingeln. Schließlich sei es meine Aufgabe, die Kinder zu kontrollieren, ob sie rauchten oder Alkohol tränken. Einer meinte sogar, es gehöre dazu, auf einer Klassenfahrt über die Stränge zu schlagen.

Schulische Erziehung kann nur gelingen, wenn Eltern unterstützend mitwirken. Immer wieder hört man in der Presse oder erfährt am eigenen Leib, dass Schule auf eine solche Unterstützung in der Breite nicht mehr zählen kann: Kinder kommen ohne Frühstück und manchmal auch ungewaschen in die Schule, Verspätungen nehmen zu, Hausaufgaben werden unterwegs oder gar nicht erledigt, Entschuldigungsbriefe der Eltern muss man mitunter einfordern, Elternabende werden zur Anklagebank des Lehrers.

Sicher sehen Eltern ihr Kind anders als Lehrer. Kinder spielen in der Schule auch eine andere Rolle als zu Hause. Erwachsene sind privat anders als im Berufsleben. Trotzdem sollte zumindest den Erwachsenen ein gewisser, ungetrübter Blick auf ihr eigenes Rollenverständnis und das ihres Kindes erhalten bleiben. Dieser ungetrübte Blick auf schlichte Alltagsrealitäten gerät zunehmend in den Hintergrund:

Mein Kind sagt mir immer die Wahrheit. Ich bin die beste Freundin meiner Tochter, was Sie sagen, stimmt nicht. Es ist Ihre Aufgabe, für Ruhe zu sorgen. Mein Kind hat Besseres zu tun, als den Text nochmals abzuschreiben. Sie motivieren unser Kind nicht, sonst wäre es besser. Wir haben uns früher auch auf dem Schulhof geprügelt, da ist doch nichts dabei. Ich kann doch nicht einen 14-Jährigen kontrollieren, ob er abends noch in seinem Zimmer am PC sitzt. Das Kind muss Selbstständigkeit lernen, da rede ich doch nicht hinein. Alle Jugendlichen gehen doch samstags bis spät nachts aus, da kann man das doch nicht verbieten. M. ist alt genug, um zu wissen, was er tut.

Immer wieder kämpfen Eltern um die vermeintlichen Rechte ihrer Kinder, fechten Noten an, z. T. schon in der Grundschule, ohne Ahnung vom jeweiligen Fach und seinen Anforderungen zu haben. Sie sind auch tief überzeugt, dass ihr Kind vom Lehrer missverstanden oder sogar ,gemobbt' wird, dass sein Scheitern nur am anderen – Schule, Lehrer, Mitschüler – liegen kann. Gerne beschwert man sich dann direkt beim Schulleiter über den betreffenden Lehrer; man darf sich ja nichts gefallen lassen. Sind alle Eltern so? So wenig wie es *den* Schüler gibt, so wenig gibt es *die* Eltern. Um aber die von vielen Pädagogen gefühlte, festgestellte oder erlebte Tendenz zu verdeutlichen, dass Eltern heute häufiger schulische Entscheidungen kritisch hinterfragen oder sogar ablehnen, gehe ich auf die Studie von Josef Zellner[1] ein, der die Eltern einer durchschnittlichen Gymnasialklasse in fünf Gruppen einteilt:

Die Status-Sucher. Im Gymnasium sehen sie keinen Ort der Bildung, sondern einen Ort des sozialen Niveaus. Ihr Wunsch ist es, dieses auf jeden Fall an ihre Kinder weiterzugeben, ohne Rücksicht auf hinderliche Faktoren, wie z. B. konsequente Lehrer oder klar definierte Leistungsforderungen. Sie selbst sind ,statisch-stabil', von allen anderen erwartet man, dass sie sich als beweglich erweisen.

Die Dienstleistungs-Sucher. Wissen und Können sollen pragmatisch und am Nutzen orientiert vermittelt werden. Das Gymnasium ist für sie eine Form der Ausbildung, die später als Grundlage einer Karriere dienen soll. Deshalb wird Schöngeistiges und allzu Theoretisches abgelehnt, Alte Sprachen werden für überflüssig gehalten, das ,Lebensnahe' soll vermittelt werden. Schulzeitverkürzung und Stoffverdichtung werden begrüßt, da Ausbildung teuer ist. Nach Zellners Mei-

---

[1] Zellner, J.: Ein kleines Vademecum für den täglichen Umgang mit Eltern. In: Das Gymnasium in Bayern. 10/2009, S. 26 f.

nung präsentiert diese Gruppe auch den Kern der Gymnasiallehrer und spiegelt heute den Minimalkonsens an einer
höheren Schule wider.

Die Ganzheits-Sucher. Sie suchen eine Schule, in der sich
die Kinder wohlfühlen und in der Emotionen einen wichtigen
Platz einnehmen. Individuelles Glücksempfinden und private
Freizeitgestaltung rangieren vor stabilem und überprüfbarem
Wissen. Es sind nach ZELLNER vor allem jene Eltern, die sich
gerne engagieren, z. B. Klassenzimmer anstreichen, Fahrten
begleiten etc.

Die Überforderungs-Vermeider. Für diese Eltern ist ihr
Kind das Kriterium schlechthin, an dem Schule bewertet wird.
Für alle Krisen und Schwierigkeiten, die ein Heranwachsen-
der durchläuft, wird die Schule verantwortlich gemacht. Ihre
eigene Verantwortung bei der Erziehung spielt dabei keine
Rolle. Schuld ist immer die Schule, der Lehrer, das unzeitge-
mäße, zu hohe Niveau.

Die Bildungs-Sucher. Sie gibt es immer noch, nach ZELLNER
aber abnehmend; diese Eltern sehen in der Schule einen ‚umfassenden Lernort‘, der für ihre Kinder eine ernsthafte Her-
ausforderung darstellt, die diese bewältigen sollen. Sie vertre-
ten ein tradiertes Bild von Schule und Erziehung, kommen in
der Regel aus dem traditionellen Bildungsbürgertum oder aus
dem Milieu der Bildungsaufsteiger, für die Leistung, Redlich-
keit und Selbstanspruch wichtig sind.

Trotz vieler technischer Erleichterungen, zahlreicher medi-
zinischer Erkenntnisse, gesellschaftlicher Einrichtungen und
Hilfen bleibt es nach wie vor für Eltern eine verantwortungs-
volle und manchmal auch schwierige Aufgabe, Kinder zu erziehen.

MICHAEL WINTERHOFF stellt in seinem Buch ‚Warum unsere Kinder Tyrannen werden' drei Verhaltensweisen von Eltern vor, die eine gelungene Erziehung verhindern[2]:

a) Kinder werden nicht mehr als Kinder wahrgenommen, sondern als gleichberechtigte Partner angesehen. Damit werden Kinder überfordert. Gleichzeitig dürfen sie selbstständig Entscheidungen treffen, deren Tragweite sie nicht überschauen können.

Für das Schulleben bedeutet dies, dass solche Kinder sich nicht mehr vom Lehrer leiten lassen, sich verweigern und den nötigen Respekt fehlen lassen.

b) Kinder werden instrumentalisiert, um Misserfolgserlebnisse oder Minderwertigkeitskomplexe auf Seiten der Eltern zu kompensieren. Winterhoff stellt fest, dass viele Erwachsene selbst wenig Halt und Orientierung finden, was viele Gründe hat, u. a. zu großer Wohlstand, Werteverlust, technologischer Wandel, Informationsüberfluss, Zeitmangel für zwischenmenschliche Kommunikation. Der einzelne Erwachsene erfährt demnach nur noch wenig Anerkennung und Bestätigung seines Selbst: „So geraten also Eltern, die eigentlich die Projektionsfläche für die Liebe ihrer Kinder darstellen sollten, in eine Situation, in der sie die Kinder zur Befriedigung ihrer eigenen Bedürfnisse brauchen."[3] Kinder werden so nicht mehr liebevoll geführt, sondern man räumt ihnen sogar ein, eine führende Rolle einzunehmen.

Für Schule bedeutet dies, dass Autorität nicht mehr anerkannt wird.

---

[2] Winterhoff, M.: Warum unsere Kinder Tyrannen werden. Gütersloh, 2009. In: Bildung aktuell. März 2009, S. 22 und Schule NRW. 2/2008, S. 62 ff.
[3] Tholuck, U.: Das alltägliche Chaos: Warum Kinder zu Tyrannen werden. In: Bildung aktuell. März 2009, S. 22.

c) Kinder werden als Teil der eigenen Psyche empfunden. Der Erwachsene geht im Rahmen der Symbiose eine Verschmelzung mit der Psyche seines Kindes ein. Damit ist jede Distanz zum Kind aufgehoben. Sowohl positive als auch negative Kritik wird als Kritik am eigenen Ich empfunden.

Diese Haltung ist für das schulische Zusammenleben fatal, da eine sachliche und objektive Betrachtung eines kindlichen Fehlverhaltens nicht mehr möglich ist.

Meines Erachtens ist es ganz wichtig, dass Eltern ihren Kindern ermöglichen, Kind zu sein. Aufgabe der Eltern ist es dann, ihr Kind verantwortungsvoll und führend von einem Entwicklungsschritt zum nächsten zu begleiten, ihm Enttäuschungen und Verzicht nicht vorzuenthalten, sondern ihm bei solchen Ereignissen beiseite zu stehen. Solche Kinder meistern das System Schule.

Fazit

Feststellungen

Das jetzige Schulsystem in Deutschland ist gescheitert. In jedem Bundesland gelten andere Bestimmungen. Es gibt keinen Erziehungskonsens mehr. Anspruch und Wirklichkeit klaffen auseinander. Alle Reformbemühungen bekämpfen nur die Symptome. Die wahren Ursachen werden nicht angepackt. Die ‚Erfolge' der zahlreichen Reformen sind Scheinerfolge. Sie dienen der jeweiligen Regierungspartei, nicht den Schülern.

Lösungswege

1. Schaffung eines für alle Bundesländer verbindlichen Schulsystems auf Leistungsbasis

Dazu gehört, dass der Unterricht wieder in den Mittelpunkt der Schule gerückt wird, der auf einem für die jeweilige Schulform verbindlichen Bildungskanon basiert. Damit wären die einzelnen Schulabschlüsse in den 16 Bundesländern miteinander vergleichbar und ein Qualitätsunterschied von einem und mehr Schuljahren nicht mehr möglich. Ziel sollte die Festlegung auf einen unverzichtbaren Grundkanon je Fach sein, bei Vermeidung einer Spezialisierung im Sinne eines Vorsemesters.

Wie im Sport, der von allen gesellschaftlichen Gruppen als leistungsorientiert anerkannt wird, sollte auch die Schule als messbares Kriterium nur die Leistung des jeweiligen Schülers in den Mittelpunkt stellen. Sie ist unter allen anderen denkbaren Kriterien noch das gerechteste und sagt nichts über den ‚Wert' eines Menschen aus, wenn er die jeweiligen

Leistungsanforderungen nicht schafft. Lebenswege gelingen auch ohne Abitur; sie können aber auch mit Abitur misslingen. Im Sport käme niemand ernsthaft auf die Idee, dass alle Schüler im Hochsprung die Zwei-Meter-Marke überspringen müssen; was den Schulabschluss anbelangt, wird ganz unverblümt ein Abitur für alle gefordert.

Für Schule bedeutet dies das Aufgeben aller Gesamtschul- und Einheitsschulträume, da diese zwar für jeden Schüler einen gleichwertigen Abschluss propagieren, dieser aber um den Preis der Nivellierung und Negierung von Leistung erkauft wird. Wenn wie in Frankreich inzwischen eine Abiturientenquote von 85 Prozent gilt, so ist ein vielleicht einmal gut gemeintes System, das Chancengleichheit für alle forderte, pervertiert worden. Fast alle haben ein Abitur, das aber nichts mehr wert ist. Die Probleme sind nur in die Zukunft verlagert worden und wer tatsächlich studieren will, muss weitere Schuljahre absolvieren, die auf einem strengen Leistungsprinzip aufbauen[1]. Nachdenklich macht, dass in Deutschland fast 40 % eines Jahrgangs Abitur machen[2], aber 27 % der Studenten ihr Erststudium abbrechen[3].

Deshalb setze ich mich für ein differenziertes Schulsystem ein, das dem einzelnen Schüler einen Abschluss ermöglicht, der seinen Fähigkeiten entspricht.

---

[1] Schmoll, H.: Frankreichs Identität. In: Frankfurter Allgemeine Zeitung. Nr. 250 vom 27.10.2010, S. 10.

[2] Meidinger, H.-P.: College for all? In: Profil: Das Magazin für Gymnasium und Gesellschaft. 5/2010, S. 3.

[3] 27 % brechen Studium ab. In: Frankfurter Allgemeine Zeitung. Nr. 119 vom 26.5.2010, S. 4.

2. Primarschule – Sekundarschule – Gymnasium

Alle schulfähigen Kinder besuchen vier Jahre lang eine Primarschule (Grundschule). Hier lernen die Kinder vor allem Lesen, Schreiben, Rechnen, Geographie und Geschichte der näheren Umgebung, Sport, Musik und Kunst. Das mag altbacken tönen, aber aus eigener Erfahrung weiß ich, dass immer mehr Kinder mit einer so genannten Gymnasialempfehlung diese Grundkenntnisse nicht aufweisen können. Sie brauchen vom ersten Tag an im Gymnasium bereits Nachhilfe in Deutsch oder Mathematik.

Mit viel Euphorie ist vor einigen Jahren der Fremdsprachenunterricht in der Grundschule eingeführt worden. Je nach Bundesland wird vom 1. Schuljahr bzw. ab 3. Schuljahr Englisch oder Französisch angeboten oder unterrichtet. Viele Fremdsprachenlehrer auf dem Gymnasium sehen diese Neuerung als gescheitert an. Bereits nach acht Wochen Fremdsprachenunterricht auf dem Gymnasium seien die Vorkenntnisse aus zwei bis vier Jahren Grundschulenglisch bzw. Französisch eingeholt. Das hat sicher viele Ursachen, auf die ich hier nicht eingehen kann. Die Ausweitung des Fächerkanons der Grundschule ging allerdings zu Lasten des Deutschunterrichts. Auch hier haben Schulreformer nicht zu Ende gedacht: Selbstverständlich ist Sprachenvielfalt wünschenswert und als Kind lernt man bekanntlich schneller, aber nur ein intensives Eintauchen in die fremde Sprache ist erfolgreich, zweimal 45 Minuten pro Woche sind nach Auskunft von Sprachforschern ‚für die Katz'[4].

Also: Die Primarschule sollte Primäres vermitteln, Grundfertigkeiten und Fähigkeiten, auf denen weiteres Wissen sicher aufbauen kann.

---

[4] Meidinger. H.-P.: Fremdsprachenlernen an der Grundschule ist ein Fehlschlag. In: Profil: Das Magazin für Gymnasium und Gesellschaft. 3/2009, S. 6.

Der Übergang von der Primarschule auf eine weiterführende Schule, also Sekundarschule oder Gymnasium, geschieht durch eine Aufnahmeprüfung, die man nach einem Jahr (Wiederholung der 4. Primarschulklasse) nochmals absolvieren kann. Je nach Ergebnis bieten sich nach vier Jahren folgende Schulwege an:

a) Wechsel zur Sekundarschule (auch Mittel- oder Realschule, die Namen sind austauschbar), die nach sechs Jahren mit dem Sekundarschulabschluss endet, der je nach Ergebnis zur Berufsschule, Lehre oder zum Besuch der Fachoberschule berechtigt.

b) Wechsel zum Gymnasium, das acht Jahre dauert und mit der Abiturprüfung endet, die zum Studium berechtigt.

c) Einrichtung eines Förderzweiges parallel zur Sekundarschule bzw. zum Gymnasium. Dieser Förderzweig wird als Ganztagsschule direkt der Sekundarschule bzw. dem Gymnasium angegliedert und ist für alle Schüler gedacht, die aus den unterschiedlichsten Gründen dem Lernstoff nicht folgen können. Ziel dieser Förderzweige (FS = Förderzweig Sekundarschule; FG = Förderzweig Gymnasium) ist es, Problemschüler möglichst wenig einer eventuell außerschulischen Vernachlässigung zu überlassen. Deshalb werden diese Förderzweige als Ganztagsschule von 8 bis 18 Uhr geführt. Hier bekommen die Kinder ein warmes Mittagessen, angemessene Pausen, sportliche und musische AGs. Der Förderzweig hat eine Sechstagewoche, Mittwoch- und Samstagnachmittag sind schulfrei, Hausaufgaben werden in der Schule zu bestimmten Zeiten unter Aufsicht angefertigt. Diese Aufsicht ist eine Lehrperson, die den Schülern auch Hilfen bieten kann.

Der Förderzweig der Sekundarschule ersetzt die ehemalige Hauptschule, die durch die Schulpolitik der vergangenen

30 Jahre vielerorts zur ‚Restschule' verkommen ist. Hier sollten jedoch nicht mehr als 15 Schüler eine Klasse besuchen, damit eine optimale Betreuung möglich ist. Sobald der Schüler dem normalen Unterrichtsstoff folgen kann, ist ein Wechsel auf die angegliederte Sekundarschule bzw. das Gymnasium möglich. Pädagogisch wünschenswert wäre hier eine Klassenstärke von 20 Schülern.

Gegnern eines solchen Systems, die gerne von Selektion und Stigmatisierung bei Leistungsprüfungen sprechen, möchte ich entgegenhalten, dass Leistungsprüfungen nur dann zur unüberwindlichen Hürde werden, wenn ich sie mit der Wertschätzung des einzelnen Kindes verbinde und sie nicht mehr als das ansehe, was sie sind: eine Momentaufnahme des gegenwärtigen Wissensstandes. Alle Kinder müssen nach der Primarschule ihren Wissensstand offenbaren und besuchen anschließend eine weiterführende Schule, die an ihren Wissensstand anknüpft. Folglich kann von einer Selektion nicht die Rede sein. Jederzeit ist ein Wechsel nach ‚oben', aber auch nach ‚unten' möglich. Vorteil eines solchen Systems ist, dass eine Nivellierung vermieden wird.

Von den Verfechtern der Einheitsschule wird gerne das Schlagwort ‚Längeres gemeinsames Lernen' ins Feld geführt. Da Lernen, wie bereits im Kapitel ‚Wie wird heute unterrichtet?' dargelegt, ein singulärer Prozess ist, geht diese Pädagogik zu Lasten aller Kinder, sowohl der leistungsstarken als auch der leistungsschwachen. Eine solche Lerngruppe bleibt weiterhin heterogen, der Schwächste bestimmt also das Tempo. Im Erwachsenenleben käme auch niemand auf die Idee, Anfänger und Fortgeschrittene z. B. in einem Sprachkurs miteinander zu unterrichten, in der Hoffnung sogar, dass der Fortgeschrittene dem Anfänger noch Hilfestellungen gibt. Schülern will man so etwas zumuten. Viele Grundschulen propagieren diese ‚neue' Pädagogik, indem sie das erste und zweite Schuljahr zusammen unterrichten. Früher waren solche zusammengelegten Klassen aus der Not geboren, heute drängt sich der Verdacht auf, dass man Lehrerstellen sparen will und dies pädagogisch verschleiert.

Zurück zur Einrichtung eines Förderzweiges. Wer soll das bezahlen?

Die Einrichtung eines Förderzweiges ist in erster Linie eine Frage der Organisation, da die Schülerzahl der jeweiligen Sekundarschule bzw. des Gymnasiums nicht verändert wird und somit keine neuen Räume gebraucht werden. Die Kinder werden lediglich in leistungshomogene Gruppen zusammengefasst. Da inzwischen immer mehr Schulen ein warmes Essen anbieten und über entsprechende Einrichtungen verfügen, dürften auch hier die Kosten gleich bleiben. Allerdings müsste das Lehrpersonal aufgestockt werden, um zusätzliche AGs, eine qualifizierte Hausaufgabenbetreuung und kleinere Klassen gewährleisten zu können. Gute Lehrer fallen nicht vom Himmel und sind nicht allein eine Kostenfrage. Hier muss die Politik jahrelang Versäumtes aufholen. Wenn dadurch aber Problemschüler einen Schulabschluss erreichen, spart man später an anderer Stelle viele Fördermaßnahmen ein. Da sich die Gesellschaft in den vergangenen zwanzig Jahren (mehr Alleinerziehende, beide Eltern berufstätig) sehr verändert hat, fordern viele Erziehungsberechtigte eine schulische Ganztagsbetreuung. Nachzudenken ist deshalb, ob nicht die Erziehungsberechtigten über einen Teil des Kindergeldes einen Beitrag zu dieser Ganztagsbetreuung leisten sollten.

3. Beibehaltung des zweiten Bildungsweges

Unabhängig von einem differenzierten Schulsystem sollte die Möglichkeit bestehen bleiben, auch als Erwachsener auf Abend- oder Fernschulen das Abitur nachzuholen.

4. Beibehaltung von Sonderschulen für Kinder
mit Behinderungen

Deutschland investiert im Vergleich zu anderen Ländern viel in die schulische Förderung behinderter Kinder. Der Ruf nach einer generellen Einbeziehung, d. h. Inklusion behinderter Kinder in das reguläre Schulsystem wäre sicherlich in vielen Fällen ein Rückschritt zu Lasten der speziellen Förderung von behinderten Kindern, wie sie heute bereits gewährt wird. Von manchen Parteien und Institutionen wird die Inklusion benutzt, um ein integratives Schulsystem zu fordern. Hier sollten nach wie vor Eltern wählen dürfen, wo ihrer Meinung nach ihr Kind am besten gefördert wird: auf einer Sonder- oder Regelschule[5].

5. Erhöhung der Attraktivität des Lehrerberufs

Trotz des demografischen Wandels, also einer sinkenden Schülerschaft, werden in den nächsten Jahren 40.000 Lehrkräfte fehlen, insbesondere in den naturwissenschaftlichen Fächern[6]. Heute schon stopfen Quereinsteiger und Studenten die entstandenen Löcher, wobei nicht immer die Lehrqualität darunter leiden muss. Gelingt es der Politik aber nicht, langfristig genügend qualifizierten Nachwuchs für den Lehrberuf auszubilden, verkommt dieser zum Job, den eine Aushilfskraft erledigen kann. Mit Pädagogik und einem kontinuierlichen Bildungskonzept hat das nichts mehr zu tun.

Auch darf die Politik nicht der Versuchung erliegen, wegen der rückläufigen Schülerzahlen in den nächsten Jahren Lehrerstellen einzusparen. Von einer kleineren Klassenstärke

---

[5] Meidinger, H.-P.: Inklusion durch eine Schule für Alle? In: Profil: Das Magazin für Gymnasium und Gesellschaft. 1-2/2010, S. 3.
[6] Meier, K.: Im Herbst fehlen bis zu 40.000 Lehrer. In: Kölner Stadt-Anzeiger. Nr. 166 vom 21.7.2009, S. 1.

profitieren nicht nur Schüler, sondern auch Lehrer. Sie haben wieder Zeit, endlich Pädagogen zu sein.

Der Lehrberuf leidet nicht nur unter dem bereits genannten Image-Problem, sondern auch unter der fehlenden Rückendeckung durch die Politik. Schon seit Jahren sollen Schule und Lehrerschaft die Probleme der Gesellschaft reparieren; darüber hinaus müssen sie es sich gefallen lassen, dass von höchstrichterlicher Stelle ihre Amtsautorität untergraben wird[7].

Was muss die Politik tun, damit junge Menschen wieder diesen Beruf wählen?

Das Wichtigste ist, den Lehrberuf als solchen wieder wertzuschätzen. Dazu reicht es nicht aus, in Sonntagsreden die Lehrer als ‚Helden des Alltags‘ zu bezeichnen, wie es Bundespräsident a. D. HORST KÖHLER getan hat, den Worten müssen auch Taten folgen[8]. Seit Jahren haben sich die Arbeitsbedingungen sukzessiv verschlechtert durch finanzielle Einsparungen, Dienstrechts- und Versorgungsreformen, Pflichtstunden-Erhöhung, Verwaltungsarbeit, um nur einige Punkte zu nennen. Die unterschiedliche Bezahlung von verbeamteten und angestellten Lehrern wird seit Jahren nicht geändert, aus Angst, eine Lawine im öffentlichen Dienstleistungssektor loszutreten. Desgleichen werden die Lehrer mit Korrekturfächern immer noch nicht angemessen entlastet. Hier gäbe es so genannten politischen Handlungsbedarf. Anstelle der häufig niveaulosen, staatlich geförderten Lehrerfortbildungen sollte jeder Lehrer die Möglichkeit haben, z. B. alle sieben Jahre einmal für drei Monate eine fachspezifische Fortbildung (ent-

---

[7] Bundesverfassungsgericht lässt spickmich-Lehrerbeurteilung zu. In: Profil: Das Magazin für Gymnasium und Gesellschaft. 10/2010, S. 32.

[8] dpa: Köhler: Lehrer verdienen Respekt. In: Profil: Das Magazin für Gymnasium und Gesellschaft. 1-2/2010, S. 15.

weder an einer Universität, in einem Betrieb, für Sprachstudien im Ausland) besuchen zu können. Ich bin mir sicher, der Attraktivitäts- und Motivationswert wäre sehr groß.

Die Lösungswege sind eine Aufgabe der Politik. Sie muss die Rahmenbedingungen schaffen und die Kosten auftreiben, wenn ihr ernsthaft an einer Bildungswende und damit einer Zukunft Deutschlands gelegen ist. Darüber hinaus können die Lösungswege nur gelingen, wenn alle Mitglieder der deutschen Gesellschaft, Jugendliche und Erwachsene, einen ungeschönten Blick auf die jetzige Bildungswelt werfen und diese betrachten, wie sie ist.

Viel Mut, Deutschland!